Der Autor

Erich Keller, Jahrgang 1949, ist ursprünglich Betriebswirt und ausgebildet in Psychotherapie und Coaching. Er ist Autor zahlreicher Veröffentlichungen. Als psychologischer Coach und Kursleiter arbeitet Erich Keller seit 1990 mit den verschiedensten Methoden humanistischer Psychotherapie und Bewusstseinsmanagements, zudem ist er Dozent an einem Schweizer Institut für angewandte Psychologie und Kursleiter bei Fortbildungsreihen für Erwachsenenbildung.

Von dem Autor sind in unserem Hause erschienen:

Endlich frei in der Partnerschaft (Allegria), Aromatherapie, Endlich frei!

ERICH KELLER

Endlich frei!

mit EFT

Emotionale und körperliche
Blockaden auflösen mit
Emotional Freedom Techniques™

Ullstein

Besuchen Sie uns im Internet:
www.ullstein-taschenbuch.de

Ullstein Esoterik
Herausgegeben von Michael Görden

Umwelthinweis:
Dieses Buch wurde auf chlor- und säurefreiem Papier gedruckt.

Originalausgabe im Ullstein Taschenbuch
1. Auflage Mai 2005
3. Auflage 2006

Umschlaggestaltung: Frankl Design, München
Titelabbildung: www.vietmeyer.com
Gesetzt aus der Minion, Univers
Satz: Keller & Keller GbR
Druck und Bindearbeiten: GGP Media GmbH, Pößneck
Printed in Germany
ISBN-13: 978-3-548-74278-6
ISBN-10: 3-548-74278-5

INHALT

VORWORT

Stellen Sie sich vor, seit langer Zeit quälen Sie Schmerzen im Rücken, oder stets kommt diese Panik, wenn Sie eine Brücke überqueren wollen. Vielleicht werden Sie immer wieder emotional, wenn Sie an Ihren inzwischen getrennten Partner oder Ihre Kündigung denken, oder Eisessen löst eine Allergie aus. Um diese Probleme zu beheben, können Sie lange und teure therapeutische Maßnahmen über sich ergehen lassen. Oder langwierige Untersuchungen.
Es kann aber auch anders sein. Sie erhalten eine EFT-Sitzung und nach nur wenigen Minuten sind die Symptome oder Themen verschwunden.

Um dem skeptischen Leser gleich vorweg entgegenzukommen: Mir ging es auch so, als ich das erste Mal von EFT hörte. EFT ist das hier im Buch benutzte Kürzel von Emotional Freedom Techniques™ des Amerikaners Gary Craig. Innerhalb der ersten fünf Minuten meiner ersten Sitzung »vergaß« ich mein Thema – es hatte sich aufgelöst. Ich war so fasziniert, dass ich beschloss, EFT zu lernen. Hatte ich doch in meiner beratenden Tätigkeit als Coach und in meiner Psychotherapie-Ausbildung gelernt und oftmals erfahren, dass sich viele Problemthemen nicht einfach oder nur sehr schwer lösen lassen. Und dann das!
Mit der Methode EFT, die in Verbindung mit energetischer Psychologie, Klopftechnik, Meridiantherapie und Klopfakupressur genannt wird, lassen sich tatsächlich viele, wirklich viele Themen oder Symptome innerhalb kürzester Zeit elegant auflösen. Wie der Entdecker sagt: »Probier es bei allem!« Ich probierte vieles aus. Ich gab Kurse und Einzelsitzungen.

Und immer wieder kam es zu diesen überraschenden und erlösenden Momenten: »Es ist nicht mehr da!«

Was meinen Sie dazu, wenn auch Sie diese Methode bei sich selbst und bei Ihrer Familie und Freunden anwenden könnten? Wäre es nicht ein Segen, sich selbst befreien, entspannen und harmonisieren zu können? Es ist möglich. Jeder kann EFT lernen und anwenden. Dazu brauchen Sie keine therapeutischen, psychologischen oder beraterischen Ausbildungen. Sie können jetzt EFT lernen. Um als EFT-Anwender selbst schwierigste Themen lösen zu können, bedarf es allerdings der Erfahrung und des Einfühlungsvermögens. Daher: Üben und praktizieren Sie. Je öfter Sie EFT anwenden, desto selbstverständlicher wird es für Sie.

Ich danke Gary Craig, der diese elegante Methode entwickelt hat und mir, wie *allen* anderen interessierten Menschen auch, die Gelegenheit gibt, diese ohne aufwändige Trainings, vielerlei Trainingsstufen, Ausbildungsgrade und hohe Kosten zu erlernen – und auch ein Buch darüber zu schreiben. Mein Dank gilt nicht nur Gary Craig und seinem Team, sondern auch den vielen EFT-Anwendern, die ihre Erfahrungsberichte über eine Internetseite (siehe unter Literaturhinweise) *jedem* zugänglich machen. Gary Craigs Website und sein EFT-Manual sind, neben meinen eigenen Erfahrungen mit EFT, die hauptsächliche Quelle dieses Buches und vieler Anwendungsbeispiele.

TEIL 1

ENTSTEHUNG UND HINTERGRÜNDE VON EFT

ENTSTEHUNG VON EFT

Die Emotional Freedom Techniques des Amerikaners Gary Craig sind eine neuartige Methode zur Auflösung energetischer Blockaden. Sie basieren auf den Erkenntnissen und Erfahrungen des klinischen Psychologen Roger J. Callahan aus den 70er und 80er Jahren. Roger J. Callahan entwickelte einen therapeutischen Ansatz, der teilweise auf die Akupunktur und die angewandte Kinesiologie gegründet ist und als Thought-Field-Therapy (TFT) bezeichnet wird.
Die Studien belegen, dass TFT in der Behandlung einer breiten Palette psychischer Beschwerden bei relativ kurzem Zeitaufwand überaus wirksam ist. Bisher wurde diese Methode erfolgreich eingesetzt in der Behandlung von komplexen Phobien, generalisierter Angst, Panikstörungen, klinischer Depression, Süchten, Ärger- und Wutproblematik, Trauma, Trauer, Essstörungen, PTSD-Symptomen (Posttraumatisches Stresssyndrom), Schmerzzuständen usw.

Bei der Behandlung verschiedener psychischer und physischer Probleme wendet TFT das Klopfen bestimmter Akupunkturpunkte in einer vorgeschriebenen Reihenfolge an. Allerdings hat TFT eine spezielle Sequenz von Klopfpunkten für jedes Symptom.

Bei der von Gary Craig entwickelten Methode EFT handelt es sich um eine erhebliche Vereinfachung der von Callahan entwickelten TFT. Ähnlich wie TFT, die auf der angewandten Kinesiologie aufbaut, benutzt EFT die Meridianpunkte zur Lösung psychischer und physischer Probleme. Jedoch gibt es nur **eine** Klopfsequenz für **alle** Symptome – ein großer Schritt hin zu einer leicht anwendbaren Methode.

EFT folgt der Annahme, dass Energieblockaden mit ihren psychischen, psychosomatischen und physischen Folgen behandelt werden können, indem man das subtile Energiesystem des Körpers – bestens bekannt aus der jahrtausendealten Traditionellen Chinesischen Medizin (TCM) – anspricht.

WO KANN EFT ANGEWENDET WERDEN?

Mit EFT kann grundsätzlich eine Harmonisierung des Energieflusses hergestellt werden, indem Energieblockaden, die mit diesen Beschwerden einhergehen, aufgelöst werden, wie etwa:

- jeglicher Stress
- emotionale Konflikte
- körperliche und psychosomatische Beschwerden, Schmerzen
- mentale Blockaden

Angewendet wird EFT beispielsweise bei:

- Ängsten
- Phobien
- inneren Blockaden
- Zwangsvorstellungen
- Zwangsstörungen
- Psychosen

- Essstörungen
- Süchten aller Art
- Depressionen
- chronischer Müdigkeit
- Traumata
- Posttraumatischem Stresssyndrom PTSD
- körperlichen Schmerzen
- funktionellen Beschwerden der Organe
- Blutdruckproblemen
- Allergien
- Asthma
- Phantomschmerzen
- Migräne
- Stress
- Hyperaktivität
- Stoffwechselstörungen
- Körper- und Figurproblemen
- Leistungs- und Erfolgsblockaden (Schule, Beruf, Sport, Hobby)
- Lese-Rechtschreib-Schwäche; Dyslexie, Dyskalkulie, Prüfungsängste

Und bei emotionalen Konflikten wie:

- Ärger
- Wut
- Schuldgefühlen
- Schamgefühlen
- Eifersucht
- Liebeskummer
- Beziehungsblockaden

- Traurigkeit
- Verzweiflung
- Enttäuschung
- gebrochenem Herz
- Suizidgefahr

Diese Liste gibt den jetzigen Stand wieder. Täglich kommen neue Erfahrungsberichte von EFT-Anwendern hinzu. Da EFT keine Grenze der Möglichkeiten lehrt und jeder sie anwenden kann, kann sich EFT als eine der zukunftsweisenden Methoden der selbstverantwortlichen Gesundung und emotionaler Wellness weiterentwickeln. Es ist der Anfang und eine von vielen Methoden, die unsere traditionellen, klassischen Verfahren und Überzeugungen überholen werden.

HINTERGRÜNDE VON EFT

EFT und alle Methoden der energetischen Psychologie gehen davon aus, dass der Grund für *jedes* negative Gefühl in der Unterbrechung des Energieflusses des Körpers liegt. Die Erfahrungen mit EFT zeigen, dass negative Emotionen, z. B. im Fall einer traumatischen oder schmerzhaften Erinnerung, nicht durch die Erinnerung an das Geschehen hervorgerufen werden, sondern dass die Gedanken (!) an das Trauma im Körper Energieblockaden erzeugen, die sich dann als negatives Gefühl, Angst, Schmerz oder psychosomatische Fehlfunktion äußern.

Ein Vergleich: Bei dem Gedanken oder der Erinnerung an eine schmerzende Situation legt das Energiesystem eine Sperre ein – kein Strom fließt.

Ein Beispiel: Ein Mann hat eine unkontrollierbare und unverständliche Furcht vor kräftigen, muskulösen Männern. Diese Furcht führt zu einer Verteidigungshaltung und lässt den Atem stocken. Nun arbeitet er mit mehreren solcher Männer in einem Unternehmen und erlebt ständige Spannungen. Der Mann wurde als Junge von einem stärkeren, muskulösen Jungen sehr schmerzhaft geschlagen. Nun muss dieses Erlebnis nicht aufgespürt, wieder durchlebt und die Furcht bearbeitet werden.

Bei EFT gilt: Das stressende, belastende, ängstigende, schmerzhafte oder traumatische Erlebnis verursacht eine Störung im Energiesystem des Körpers bei einem passenden Außenreiz (Mann mit ähnlicher Erscheinung). Das Erlebnis kann sowohl bewusst als auch unbewusst sein! Die Folgen können emotionale und/oder körperliche Symptome sein (Furcht, Atemstocken, Spannung). Der Gedanke an das Trauma hat die energetische Störung bewirkt.

Was bei EFT tatsächliche Befreiung bewirkt, ist, dass der automatische Mechanismus ***Negativer Gedanke*** ➔ führt zu ***Energieblockade*** ➔ führt zu ***Symptom*** unterbrochen wird, indem die Energieblockade aufgehoben wird, während die Person sich auf ihr Problem konzentriert.

Der einzige Grund, warum manche Menschen von ihren Erinnerungen gequält werden (wie Unfallopfer, Hinterbliebene, Traumatisierte, Gedemütigte) und andere aber nicht, ist in der Tatsache zu suchen, dass bei den »Leidenden« die Erinnerung in der Gegenwart noch eine Energieblockade auslöst, wie »Immer wenn ich an die Trennung meiner Eltern denke, befällt mich diese Atemnot, schnürt sich mir der Magen zusammen, empfinde ich tiefen Schmerz«.

Da EFT die Störung im Energiefluss behandelt, also die Energie wieder frei fließen lässt, muss das ursächliche Ereignis nicht behandelt werden. Es muss oftmals nicht einmal angesprochen werden. Man nennt das auch »tränenlose Auflösung von Trauma«.

Auf einer anderen Ebene können Glaubenssätze oder Überzeugungen, die im Unterbewusstsein gespeichert sind, energetische Blockaden auslösen, wie beispielsweise der Satz »Ich darf nicht erfolgreich sein, denn dann werde ich besser als meine geliebte Schwester und verliere ihre Nähe«. Bei jeder auch nur annähernden Gelegenheit eines Erfolges oder einer herausragenden Leistung wird sich eine Energieblockade augenblicklich einstellen. So wählt vielleicht jemand immer die falsche Telefonnummer, vergisst den Lottoschein, besteht eine Prüfung nicht, wenn ein finanzieller oder schulischer Erfolg möglich ist.

EFT wirkt in allen Fällen, in denen der Energiefluss im Körper gestört ist, und das trifft auf alle Krankheiten und Leidenssituationen zu. Sogar Parkinson-Patienten konnten sich mit EFT selbst helfen, ihre heftigen Schüttelanfälle zu kontrollieren. Es können zwar keine Knochenbrüche oder Gewebszerstörungen rückgängig gemacht werden, doch der ganze Bereich funktionaler Störungen ist in erstaunlich kurzer Zeit positiv und dauerhaft beeinflussbar.

Was bei jedem geschieht, der den Prozess bei sich selbst oder bei anderen durchführt, ist Folgendes: Die Energieblockade führte zu einem Symptom; indem die Energieblockade aufgelöst wird, während die Person sich auf das Thema (ich vermeide oft den Begriff »Problem«) konzentriert und dieses »entblockiert« wird, löst sich das Symptom auf. Es ist so einfach und wirksam und kann monatelange Behandlungen oder psychologische Beratungen erheblich abkürzen. Positive Ergebnisse stellen sich normalerweise sofort ein und sind von Dauer.

Ungelöste, negative Erlebnisse werden als Erinnerungen gespeichert. Alles Ungelöste führt zu einer Blockade im Energiesystem. Auch nur ähnliche äußere Signale oder Reize aktivieren die Blockaden. Traumatische Erlebnisse (und davon haben wir 50 bis 100 oder 500 erlebt) blockieren den Menschen im Unterbewussten dauerhaft.

Die meisten psychischen und physischen Probleme haben ihre Ursache in oder sind verbunden mit ungelösten speziellen Erlebnissen, von denen der größte Teil leicht mit EFT behandelt werden kann.

EFT, richtig und konsequent angewandt, kann sehr viele Symptome der Leidensgeschichten erheblich verringern und gleichzeitig unsere Gesundheitskosten senken.

DIE BASIS VON EFT

Der Grund **aller** meiner emotionalen Probleme Beschwerden ist eine **Blockade** im Energiefluss meines Körpers.

Wie emotionale und körperliche Probleme entstehen:

traumatisierende verletzende stressende belastende Erinnerung / Erlebnis	**Störung in Form einer Blockade im Energiefluss des Körpers**	**körperliche Störungen negative Emotionen Verhaltensweisen**

Wenn keine stressende Erinnerung vorhanden ist, dann ist auch keine negative Emotion möglich, dann liegt keine Beeinträchtigung von Körper, Geist und Psyche vor.

ENERGIEBAHNEN, ENERGIEPUNKTE: DIE SCHLÜSSEL

Bei Bäumen, die an der Wurzel geschädigt werden, kann man mitunter beobachten, dass bestimmte Wurzeln bestimmten Ästen zugeordnet sind, häufig auf der gegenüberliegenden Seite. Solche Beziehungen zwischen den Füßen (den Wurzeln) und Organen (den Ästen) gibt es auch im menschlichen Körper. Den Verlauf dieser »Energiebahnen« nennt man die Meridiane.

Die TCM (Traditionelle Chinesische Medizin) ist ein jahrtausendealtes und bewährtes Medizinsystem, dessen Entwicklungsgeschichte von Anfang an von der Kultur und Philosophie des chinesischen Volkes bestimmt war. Im modernen China werden TCM und westliche Medizin gleichberechtigt behandelt. Es existieren Hochschulen, Forschungsinstitute und Kliniken für beide Medizinrichtungen.

Die ersten Hinweise auf eine Behandlung der Meridiane – auf denen die mehr als 360 Hauptakupunkturpunkte lokalisiert sind, die mit Nadel behandelt werden – reichen bis in die Zeit vor 3000 v. Chr. zurück. Seitdem ist das Wissen um die komplexen Zusammenhänge ständig erweitert worden. In diesen Leitbahnen zirkuliert nach chinesischen Vorstellungen die Lebensenergie Qi oder Chi. Kommt es zu einer Blockierung dieses Energieflusses, sind Schmerzen oder andere körperliche Disharmonien die Folge.

EFT ist eine psychologische Version der Akupunktur – ohne Nadeln. Eine spezielle Sequenz von Energiepunkten nach TCM wird mit den Fingerspitzen abgeklopft, während die Person sich auf ihr »Problem« einstimmt, sodass ein meridianes Gleichgewicht wiederhergestellt wird.

Bei weit mehr als der Hälfte aller Krankheitsfälle wirkt die Psyche mit. Das heißt, ungelöste emotionale Themen können krank machen. Dauerhafte Energielosigkeit, Stress, innere Unruhe können schwächen. Die Beseitigung der psychischen Ursache ist dann meist auch der leichteste Weg zur Auflösung einer Blockade bzw. von Beschwerden.

EFT behandelt einige ausgewählte Punkte auf den wichtigsten Meridianen, die für alle möglichen negativen Emotionen wichtig sind. Dadurch ist ein akribisches Suchen oder eine Diagnose überflüssig.

Neben der Folge, dass beispielsweise Schmerzen, Verspannungen etc. aufgelöst werden, haben diese Punkte auch einen harmonisierenden, regulierenden Effekt auf die Funktionen innerer Organe. Ein unbeabsichtigtes Behandeln eines nicht blockierten Meridians bzw. Energiepunktes hat nicht zur Folge, dass dieser nun blockiert wird. Es kann auch nicht zu einer Anfangsverschlimmerung oder zu Nebenerscheinungen kommen – außer ein Problem, das latent vorhanden war, offenbart sich durch andersartige Symptome. Das wird dann mit EFT wieder gelöst.

DIE BEI EFT BENUTZTEN MERIDIANPUNKTE UND IHRE BEDEUTUNG

Klopfpunkt	Meridian	Negative Gefühle	Positive Gefühle
Augenbraue	Blase	Unruhe, Ungeduld, Frust	Harmonie, Friede
Augenwinkel	Gallenblase	Depression, Verzweiflung Hoffnungs-losigkeit, Einsamkeit	Hoffnung, Leichtigkeit, Schweben
Jochbein	Magen	Angst, Bitterkeit, Gier, Abscheu, Verarmung	Zufriedenheit, Ruhe
Unter Nase	Lenkergefäß	Verlegenheit	Gesundes Selbstbewusst sein
Kinn	Konzeptions-gefäß	Scham	Gesundes Selbstbewusst sein
Schlüsselbein	Niere	Angst, sexuelle Unsicherheit	Innere Ruhe, sex. Sicherheit
Unter Achsel	Milz-Pankreas	Zukunftsangst	Zuversicht, Sicherheit

Klopfpunkt	Meridian	Negative Gefühle	Positive Gefühle
Daumen	Lunge	Intoleranz, Vorurteile, Gering-schätzung, Verachtung	Demut, Toleranz, Einfachheit
Zeigefinger	Dickdarm	Schuld	Selbstwert
Mittelfinger	Kreislauf / Sexualität	Reue, Eifersucht, sex. Blockade spannung,	Loslassen von Vergangenem, Entspannung, Großzügigkeit
Kleiner Finger	Herz	Zorn	Vergebung, Liebe
Karatepunkt	Dünndarm	Traurigkeit, Sorge	Freude, Glück
Unter Brustwarze	Leber	Unglücklich-sein	Glücklichsein
Gamutpunkt	Dreifacher Erwärmer/ Schilddrüse	Depression, Trauer, Verzweiflung, Einsamkeit	Leichtigkeit, Beschwingtheit, Hoffnung

BEISPIELE VON EFT-BEHANDLUNGEN

◗ Marianne hat seit 20 Jahren ständig Kopfschmerzen. Sie sind manchmal schwach im Hintergrund, manchmal stärker und störend. Nach drei Klopfdurchgängen haben sind sie nicht mehr spürbar. Auch nach 4 Wochen sind sie nicht mehr aufgetaucht. Bei einem angekündigten Besuch ihrer Mutter treten sie wieder schwach auf. Da Marianne jetzt EFT selbst machen kann, macht sie einmal EFT und die sich ankündigenden Kopfschmerzen sind wieder weg. Danach, jetzt 3 Monate, kamen sie nie wieder.

◗ Maria hat Verspannungen im Rücken und Schmerzen im Nacken. Sie wird gefragt, wie sehr sie diese Symptome beeinträchtigen, wie sehr sie diese stressen oder stören. Dabei wird ihr als höchster Wert die Zahl 10 vorgegeben.
Nach der ersten Behandlung nehmen die Beeinträchtigungen von dem Wert 9 (heftig) auf 4 ab, in der zweiten Behandlung von 4 auf 2 (schwach). Die Schmerzen lassen deutlich nach, die Verspannung ist völlig aufgelöst.
Maria wird nach der dritten Behandlung sehr müde, die Verspannung etwas stärker, der Wert liegt jetzt etwa bei 3. »Müdigkeit oder Gähnen« ist ein sicheres Zeichen dafür, dass die Behandlung wirkt. Es löst sich »etwas«.
Auf die Frage, was die Verspannung bedeuten kann, erscheint ihr das Bild ihrer Mutter, die hinter ihr steht und sie kontrolliert. Außerdem erlitt sie vor vielen Jahren ein Schleudertrauma durch einen Verkehrsunfall.
Beide Aspekte werden geklopft, je einmal. Jetzt steht niemand mehr hinter ihr, das Schleudertrauma hat keinen emotionalen Einfluss mehr.

Bei der nächsten Sitzung – die Verspannungen und Schmerzen haben sehr nachgelassen – wird folgender Satz geklopft: »Auch wenn ich nicht genau weiß, welche andere Ursache es gibt, liebe und akzeptiere ich mich so, wie ich bin.« Währenddessen kommt Maria eine Überzeugung in den Sinn, der sie sich nicht bewusst war: »Ich muss alles zusammenhalten, sonst fällt die Familie auseinander.« Ihr Vater war oft weg, hatte mit einer anderen Frau eine Beziehung. Der jetzige Partner hat momentan und vorübergehend wenig Arbeit, wenig Einkommen und war oft krank in diesem Jahr. Dann wird dieser Aspekt geklopft und es lösen sich die Verspannungen.

- Renate wird wegen einer Haselnussallergie behandelt. Sie möchte so gern wieder Haselnussschokolade essen, aber die Folgen des Genusses sind nicht angenehm. Normalerweise stellen sich Hautausschlag, Pickel und Rötungen ein. Nach drei Durchgängen (15 Minuten) schlägt die Behandlung an. Renate isst eine Haselnuss. Es kommt zu einer geringfügigen Reaktion. Nach einem weiteren Durchgang und dem Verzehr einer Haselnuss bleiben die Folgen gänzlich aus.

- Eine Kursteilnehmerin berichtet, dass sie seit vielen Tagen an Zahnschmerzen leide. Zwar wurde dort ein Zahn gezogen, aber es scheint dort immer noch ein Infektionsherd oder etwas Ähnliches zu sein. Nach dreimaligem EFT lässt der Schmerz nach. Nach einem weiteren EFT-Durchgang ist der Schmerz auf »Stecknagelkopfgröße« geschrumpft. Eine halbe Stunde später berichtet die Frau, dass der Schmerz völlig verschwunden sei und sie auch zum Testen auf ein Pfefferminzbonbon gebissen habe.

◗ Ein 45-jähriger Mann kommt wegen immer wiederkehrender Migräne. Manchmal ist es die Wetterlage, dann wiederum der Stress, gelegentlich tritt sie ohne erkennbare Umstände auf. Als er zur EFT-Sitzung kommt, hat er gerade mittelschwere Migräne. Nach vier EFT-Durchgängen ist die Migräne nicht mehr spürbar. Auf mein Nachfragen ist sie seitdem, vor zwei Monaten, nicht mehr aufgetaucht.

◗ Einem 50-jährigen Mann wird mit EFT in einer 45-minütigen Sitzung seine lebenslange Panik vor tiefem Wasser genommen, sodass er endlich einmal Badeurlaub machen kann.

◗ Die Kopfschmerzen und Beklemmungen, die ein Mann bekommt, wenn er auf dem Rücksitz eines Autos sitzt, verschwinden nach 8 EFT-Durchgängen in 20 Minuten.

◗ Auch eine Rattenphobie, die sich als starke Panik nur beim Erwähnen des Wortes »Ratte« zeigt, wird einer Kursteilnehmerin schon nach 5 Minuten genommen. Später kann sie sogar eine tote Ratte auf ihrem Bauernhof anfassen und vergraben.

DIE EINFACHE ENERGIEBALANCE-ÜBUNG ALS VORÜBUNG

Vorübung und/oder Maßnahme bei einer durchgängigen energetischen Störung = neurologische Desorganisation bzw. Switching !

Manchmal greift EFT nicht, um psychische Störungen aufzulösen, oder funktioniert nur sehr langsam. Dann kann ein Switching vorliegen.
Manche Menschen leiden unter Switching, das bei der EFT-Behandlung in der Regel unmittelbar im Zusammenhang mit bestimmten Themen oder Problemen auftritt, also akut, wenn beispielsweise ein Trauma angesprochen oder behandelt wird.

Switching kann auch durch Stress, Kontakt mit allergenen, toxischen Substanzen., fehlerhafte Bewegung (Laufen in schlecht sitzenden Schuhen, hochhackige Absätze, Schuhe ohne Fußbett), elektromagnetische Überbelastung oder sportliche Aktivitäten ausgelöst werden.
Beim Switching treten manchmal ungeschickte Bewegungen, gestörte Bewegungskoordination, räumliche Desorientierung oder Wortverwechslungen auf und EFT zeigt einfach keine oder nur sehr wenig Wirkung.

Die einfachste Möglichkeit, Switching auszuschalten, ist diese zweiminütige Übung, die sich auch als Auftaktübung einer EFT-Behandlung eignet:

- Setzen Sie sich auf einen bequemen Stuhl.
- Legen Sie die Beine in Höhe der Knöchel übereinander, das linke Bein über das rechte.
- Strecken Sie die Arme nach vorne aus, die Handflächen berühren sich.
- Drehen Sie die Handflächen nach außen, die Daumen zeigen nach unten.
- Legen Sie die rechte Hand über die linke Hand und verschränken Sie die Finger beider Hände miteinander.
- Beugen Sie die Arme zum Körper hin, sodass die gefalteten Hände auf der Brust liegen.
- Legen Sie die Zunge hinter die Zähne an den Gaumen und atmen Sie mit dem Gedanken »Gleichgewicht« oder »Balance« durch die Nase ein.
- Atmen Sie durch den Mund aus, wobei die Zunge wieder unten ruht.
- Schließen Sie die Augen und atmen Sie mindestens 8-mal ein und aus und ruhen Sie in dieser Position 1 Minute.

Für vorgenannte Zustände und zum Auftakt *jeder* EFT-Sitzung eignet sich diese kurze, erleichternde Übung.

TEIL 2

DIE METHODE

Wichtiger Hinweis

EFT ist keine Therapie und ersetzt keinen Arztbesuch oder fachärztliche Untersuchung bzw. Diagnose bei körperlichen oder mentalen Beschwerden, insbesondere bei chronischen Erscheinungen. Bei empfohlener Einnahme von Medikamenten oder sonstigen krankheitsrelevanten Therapien können diese nur in Abstimmung mit dem behandelnden Arzt reduziert oder abgesetzt werden. Wer EFT bei sich selbst oder anderen Menschen durchführt, muss die Verantwortung dafür übernehmen.

DIE EFT-METHODE

Die Methode (Basissequenz) umfasst folgende Schritte:

1. Thema finden, klären
2. Einschätzung abfragen
3. 3-mal Einstimmung sprechen und dabei Einstimmungszone massieren
4. Basissequenz klopfen
5. Gamutsequenz durchführen
6. Basissequenz klopfen
7. Einschätzung wieder abfragen

Der gesamte Prozess dauert 2–3 Minuten, wenn das Thema oder Problem möglichst genau definiert ist.

Nun zu den Einzelheiten. Wenn Ihnen beim Lesen der Gedanke »Das lerne ich nie!« oder »Das kann ich mir nicht merken!« kommt, dann ist das schon die erste Übung, die Sie mit EFT machen können. Am Ende des Buches finden Sie ein Schaubild, das Ihnen hilft, EFT leicht und flüssig durchzuführen.

Das Thema

Normalerweise will jemand mit EFT behandelt werden oder die Methode bei sich selbst anwenden, weil etwas als störend, schmerzend, belastend, einengend, stressend empfunden wird. Hinter einem Thema können verschiedene und völlig andere Aspekte (als Aspekte werden hier die Hintergrundgeschichten oder die damit verbundenen Themen bezeichnet) verborgen sein, die sich im Verlauf der EFT-Sitzung offenbaren. Für den Anfang gilt: Je genauer die Beschreibung des Themas, desto eher kann es sich auflösen. *Kopfschmerzen haben* ist beispielsweise ein sehr einfaches Thema. Misshandlung ist ein komplexes Thema.

Klare Aussagen sind wichtig. Je spezifischer das Thema genannt wird, desto eher wird es getroffen. Keine Generalisierungen wie *»Im Dunkeln habe ich Angst«*, *»Meine Mutter mochte mich nicht«*, *»Männer machen mich unsicher«*, *»Dieses komische Gefühl«*, *»Die Bauchschmerzen«* behandeln, sondern nach konkreten Situationen suchen/fragen und diese mit EFT angehen. *„Im Dunkeln auf dem Nachhauseweg.« »Meine Mutter hat mich selten gestreichelt.« »Am Arbeitsplatz machen mich Männer, die so und so auftreten, unsicher.« »Das Druckgefühl in der Brust.« »Meine Bauchschmerzen nach dem Essen.«*

Beispielsweise sind bei Flugangst oder Flugzeugphobie als generelle Beschreibung verschiedenste Phobien vorhanden, wie Platzangst, Klaustrophobie, Startphobie, Landephobie, Kontrollverlust. Frage: »*Wenn Sie sich jetzt vorstellen, in einem Flugzeug zu sitzen, was beunruhigt Sie am meisten?*« Lassen Sie sich genauere Beschreibungen geben: »*Oder kommt die Angst, wenn sich die Türen schließen oder wenn das Flugzeug startet? Oder haben Sie das Gefühl, keine Luft zu bekommen?*«

Bei einer Schlangenphobie kann es sich um die Angst vor dem Züngeln einer Schlange handeln, was mit einer Schlange gar nichts mehr zu tun hat.
Nach weiterem Befragen kann sich ein eindeutiges Erlebnis (Ursprungsangst) herauskristallisieren, wie etwa das aufgezwungene Krabbeln einer Eidechse auf dem nackten Körper (meistens Spiele der Kinder) oder das lange Untertauchen von Freunden unter Wasser. Diese Aspekte sind dann weiter zu behandeln, bis die Vorstellung des Erlebnisses schließlich keine Panik mehr verursacht.

Fragebeispiele:

- *Wenn Sie sich* ***jetzt*** *vorstellen, Sie würden auf einem hohen Haus stehen und nach unten sehen,* ***wie sehr*** *würde Sie das erschrecken oder Panik verursachen?*
- *Wenn Sie sich* ***jetzt*** *vorstellen, Sie würden… (jemand, der einen Konflikt, Ärger, Wut, Angst verursacht) treffen,* ***wie sehr*** *beunruhigt Sie das?*

Bei der Beschreibung von Geschichten aus dem Leben der Person, die EFT erhält, oder bei Ihren eigenen Geschichten

gilt es, auf das Ansteigen von Emotionen zu achten und diesen Aspekt zu behandeln. Wenn sich die Faust ballt, der Atem stockt, Erröten sichtbar wird, dann ist hier eine starke emotionale Ladung vorhanden, die auf ein Thema hinweist.
Es kann sein, dass die Emotionen oder körperlichen Erscheinungen sehr stark sind. So sind diese erst einmal mit EFT anzugehen, bis sie sich beruhigt oder aufgelöst haben.
»Auch wenn mir jetzt der Atem stockt, ... auch wenn mich das jetzt wütend macht, ... auch wenn ...«

Die Einschätzung, der Stresswert

Am Anfang und am Ende jedes Durchgangs steht die Einschätzung der Intensität des Themas oder des Stresses, den das Thema auslöst. Im folgenden Text spreche ich oftmals daher vom »Stresswert« oder »Wert«. Die Skala reicht von 0 bis 10. Bei sehr heftigen Themen kann auch ein Wert weit über 10 genannt werden. Sie brauchen diesen Wert, um einen Fortschritt und letztlich die Auflösung des Themas zu erkennen.

Stresswert 10	Fast nicht mehr zu ertragen, beeinträchtigt mein Leben stark, übermächtiges Gefühl.
Stresswert 0	Ich bin völlig ausgeglichen und ruhig, Thema berührt mich nicht mehr, habe es vergessen.

Wenn es um die Bewertung / Skalierung geht, fragen Sie immer nach dem JETZIGEN Grad von Stress, Beeinträchtigung, Emotionalität, Angst, Panik, Schmerz, Scham, Einschränkung. Nicht, wie es DAMALS war, wenn es um vergangene Situationen geht.

Die Person wird beispielsweise gefragt, wie sehr sie ihre Kopfschmerzen behindern, stören, schmerzen. »*Wie stark ärgert Sie* ***jetzt*** *diese Erinnerung an Ihre Kündigung?*« »*Wenn Sie* ***jetzt*** *an Ihre Allergie gegen… denken, wie sehr behindert Sie das?*« »*Wenn Sie* ***jetzt*** *an Ihren Ärger wegen… denken, wie stark ist das?*«

Ein Mann kam zur EFT-Sitzung wegen einer Behinderung seines Arms. Nach einer Schulteroperation konnte er den Arm nur noch halbhoch heben. Die Frage war: »*Wie sehr behindert Sie es* ***jetzt,*** *Ihren Arm nicht richtig bewegen zu können?*« Die Behinderung wurde mit dem Stresswert 8 angegeben. Nach drei EFT-Durchgängen (6 Minuten) konnte er den Arm fast ganz heben.

Die Einstimmung

Zur Einstimmung wird der gefundene Einstimmungssatz auf die Einstimmungszone »übertragen«. Diese Zone liegt im Brustbereich, und zwar ca. 10 cm unterhalb der Delle unter dem Adamsapfel und dann wieder 10 cm nach links oder rechts, zwischen zweiter und dritter Rippe (im Engl. *sore spot*, im Chin. *Tor des Himmels*, ein neurolymphatischer Reflexpunkt, der bei Druck etwas schmerzhaft spürbar sein kann).

Die Einstimmungszone steht für die Auflösung einer möglichen psychologischen Umkehr (PU). Sosehr sich ein Mensch wünschen mag, dass ein Zustand aufhört, kann im Unterbewussten eine Sperre vorhanden sein. Es können Endlosschleifen aktiv sein, die den Menschen immer wieder dasselbe erleben lassen, obwohl er es vernünftigerweise nicht mehr tun würde. Wenn eine PU vorliegt, ist das Energiesystem an irgendeiner Stelle falsch gepolt. Es ist, als wäre eine Batterie falsch eingelegt, dann fließt kein Strom und die Taschenlampe leuchtet nicht. Auch wenn keine PU vorliegt, schadet es nicht, die Einstimmungszone zu stimulieren. Auf die PU gehe ich später noch ausführlich ein.

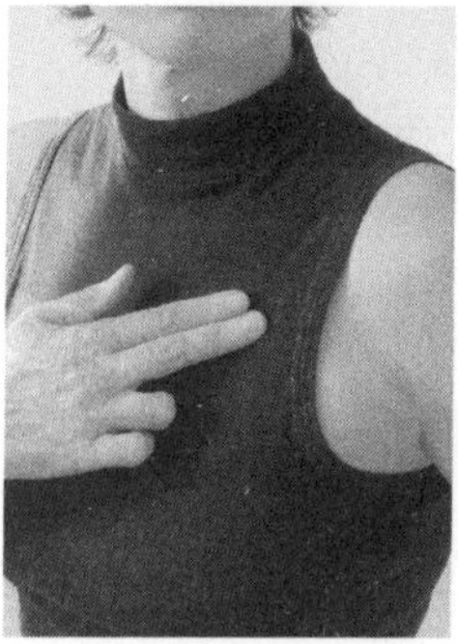

Diese Zone ist immer bei Beginn des EFT-Durchgangs mit zwei oder drei Fingern im Uhrzeigersinn zu massieren; dabei wird der Einstimmungssatz gesprochen.

Der Einstimmungssatz teilt sich in das Thema (Problem, Symptom, Geschichte) und die positive Aussage, dass man »sich liebt und akzeptiert«. Er wird 3-mal, während die Einstimmungszone massiert wird, laut und deutlich gesprochen:

»Auch wenn ich… (Problem/Thema) habe, liebe und akzeptiere ich mich voll und ganz.«

Die positive Aussage soll immer den zweiten Teil des Satzes bilden. Sollten Sie Probleme mit der Formulierung »liebe und akzeptiere ich mich voll und ganz« haben, hat sich hier bereits ein Thema gefunden, das mit EFT zu behandeln wäre. Sie können dann auch sagen, was vor allem für Kinder leichter ist: *»Auch wenn ich…, bin ich völlig in Ordnung.«*

Beispielsätze:

- *»Auch wenn ich starke Kopfschmerzen habe, liebe und akzeptiere ich mich voll und ganz.«*
- *»Auch wenn ich so wütend bin, liebe und akzeptiere ich mich voll und ganz.«*
- *»Auch wenn ich so schlecht auf Menschen zugehen kann, liebe und akzeptiere ich mich voll und ganz.«*
- *»Auch wenn ich nicht glaube, dass EFT bei mir wirkt, liebe und akzeptiere ich mich voll und ganz.«*
  (Dieses Thema taucht nicht selten bei Klienten und Kursteilnehmern auf und sollte erst einmal mit EFT behandelt werden.)

Zur Einstimmung kann auch der Handkantenpunkt KP mit den Fingerspitzen geklopft werden. Dieser Punkt eignet sich ebenfalls dazu, die psychologische Umkehr zu lösen. Vor allem später, wenn Sie EFT unterwegs anwenden möchten, können Sie diesen Punkt nutzen.

Die Punkte

Im Folgenden lernen Sie die Punkte kennen, die bei EFT geklopft werden. Die meisten Punkte liegen sowohl auf der *linken als auch auf der rechten* Körperseite, das heißt, sie können wahlweise benutzt werden. Es sind Punkte, die auf den Hauptmeridianen und direkt unter der Haut liegen und somit leicht erreichbar sind. Sollten Sie einen Punkt leicht verfehlen: Kein Problem, die leichte Erschütterung, die das Klopfen erzeugt, erreicht den Punkt, löst aber bei anderen Punkten keine Wirkung aus.

Punkt **1** IA – Anfang innere Augenbraue

Punkt **2** SA – auf dem Knochen, im Augenwinkel, seitlich Auge

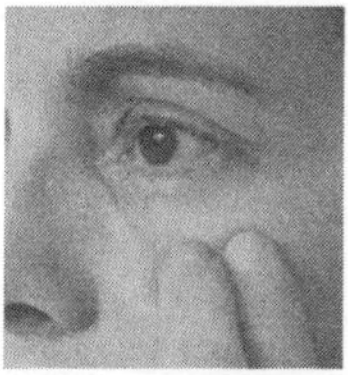

Punkt **3** JB – unter der Augenmitte auf dem Jochbein, da ist eine kleine Einkerbung

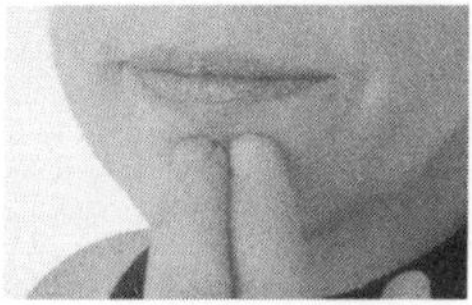

Punkt **4** UN – unterhalb Nase und über Oberlippe mittig

Punkt **5** KI – mittig unterhalb Unterlippe / Kinn

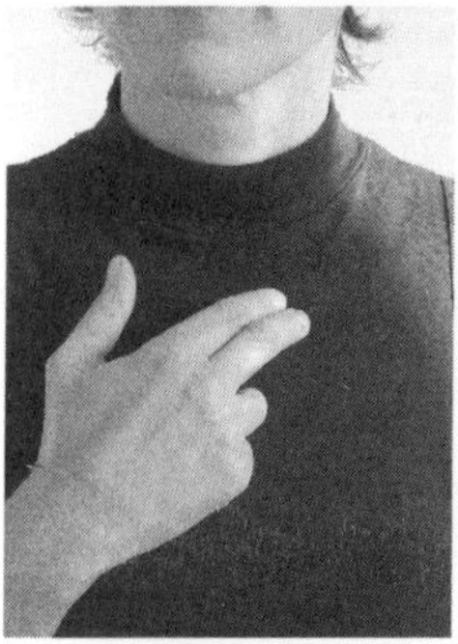

Punkt **6** SB – in der Mulde unter dem Kehlkopf , 3 cm nach unten und 3 cm nach links oder rechts, unter Schlüsselbein und neben dem Brustbein

Punkt **7** UA – eine Handbreit oder 10 cm unter der Achsel auf Körperseite, auf Höhe der Brustwarze oder oberer Rand des BHs

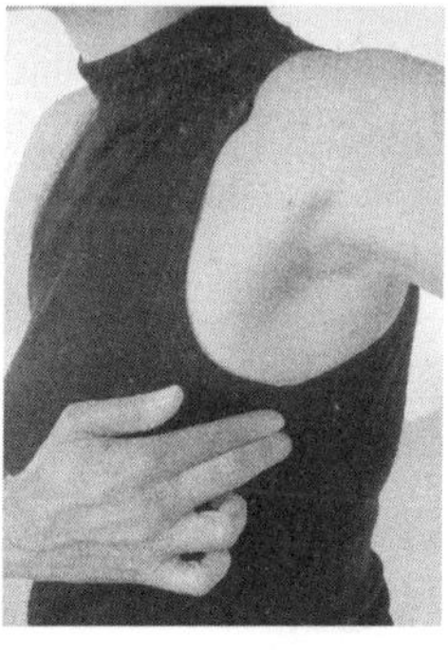

Punkt **8** RP – unter der Brustwarze, zwei Finger breit unter der Brustfalte

Die folgenden Punkte befinden sich an der äußeren Seite des Fingernagels am unteren Nagelbett:

Punkt **9** DA – Daumen
Punkt **10** ZF – Zeigefinger
Punkt **11** MF – Mittelfinger
Punkt **12** KF – kleiner Finger

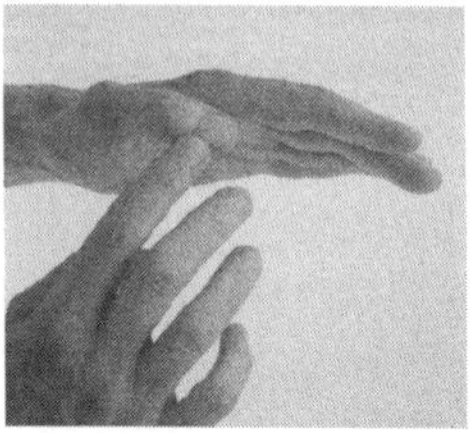

Hinzu kommen noch die folgenden Punkte:

Punkt **13** KP – Karatepunkt
eine Handlinie führt genau dorthin, hinter dem Gelenk des kleinen Fingers

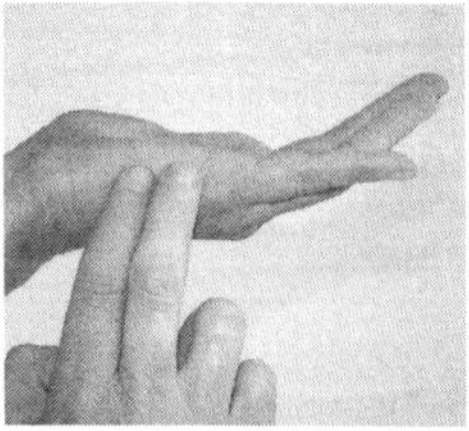

Punkt **14** GA – Gamutpunkt
2–3 cm hinter dem Knöchel von kleinem Finger und Ringfinger in der Rinne auf dem Handrücken

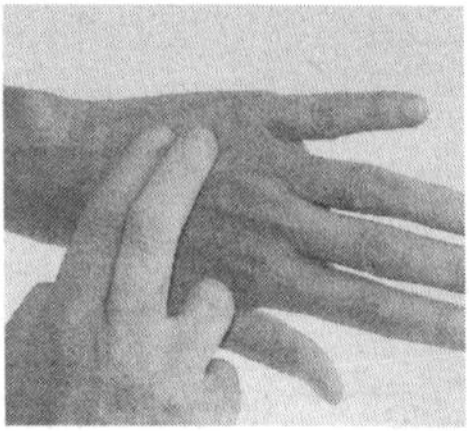

Die Punkte und Zonen

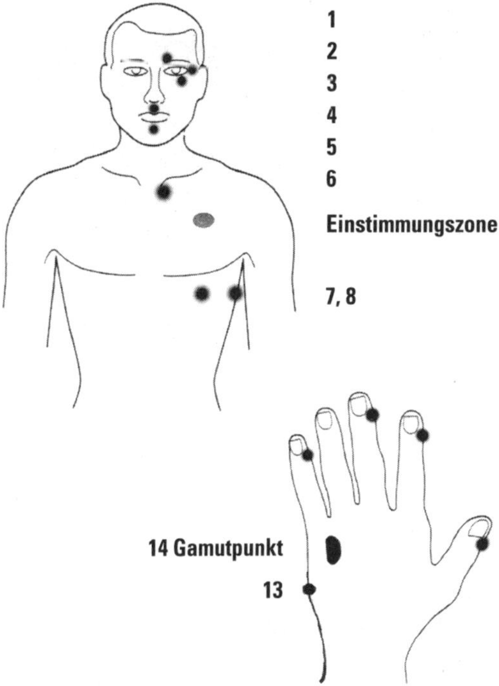

Wie bereits angedeutet, ist EFT eine Art Akupunktur ohne Nadeln. Es werden einige Punkte, wie der EFT-Anwender sagt, »geklopft«. Das Klopfen kann mit dem Zeige- oder Mittelfinger ausgeführt werden. Jeder Punkt sollte 7- bis 8-mal geklopft werden. Die Punkte im Gesicht sind nur leicht zu klopfen, während alle anderen Punkte kräftiger geklopft werden können. Achtung bei langen Fingernägeln! Üben Sie das Klopfen, damit Sie Druck und Tempo für sich verinnerlichen können.

Während die Punkte geklopft werden, wird der Einstimmungssatz in Kurzform *ständig* entweder laut oder leise wiederholt. Eine Kurzform ist beispielsweise:

»Diese totale Müdigkeit«
»Dieser Stress«
»Diese Kopfschmerzen«
»Die Angst, Türen schließen, beim Fliegen«
»Diese Schlaflosigkeit«
»Die Sucht nach Alkohol«
»Die Schmerzen im Bein«

Die Gamutsequenz

Diese Sequenz wird auf dem so genannten Serien- oder Gamutpunkt geklopft. Der Punkt wurde vor allem von Roger Callahan genutzt, um verschiedenste Aspekte oder Themen zu lösen. Mit dieser Sequenz ist jeder Durchgang auszuführen, um unterschiedliche Hirnbereiche zu aktivieren, die linke und rechte Hirnhälfte zu verbinden. Die erreichte Lösung wird damit umfassend verankert. Nur bei später genannten Ausnahmefällen kann die Gamutsequenz entfallen.

Der Kopf wird aufrecht gehalten. Während der gesamten Gamutsequenz wird mit zwei oder drei Fingern der Gamutpunkt fortwährend sanft geklopft.

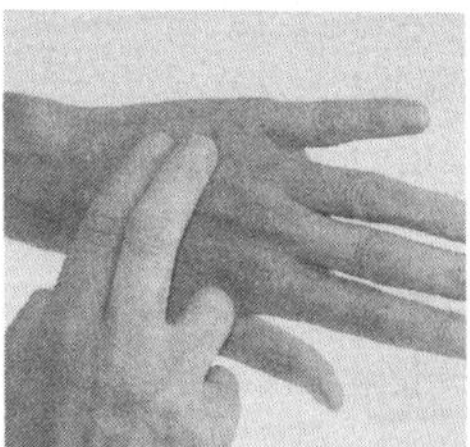

1. Augen schließen
2. Augen öffnen und nach unten rechts auf den Boden schauen
3. dann nach unten links auf den Boden schauen
4. Augen im Uhrzeigersinn rollen
5. Augen gegen den Uhrzeigersinn rollen
6. ein Lied summen (nicht singen), 3 bis 5 Sekunden
7. schnell hörbar zählen von 1 bis 5
8. noch einmal summen

Wenn Sie EFT geben und sehen, dass Ihr Gegenüber die Augen nicht ganz (360 Grad) rollen kann, hier ein kleiner Tipp: »Zeichnen« Sie mit dem Zeigefinger einen Kreis, dem die Person mit den Augen folgen soll.

Jetzt kennen Sie alle Schritte der Basissequenz und können EFT anwenden. Besonderheiten und Spezialitäten folgen später.

Rückkehr zur Einschätzung, weitere Durchgänge, Veränderung des Einstimmungssatzes

Nachdem die Basissequenz durchgeführt wurde, fragen Sie wieder die Einschätzung (Stresswert) ab. Normalerweise fällt der Wert geringer aus. Machen Sie mit EFT weiter, es folgt ein zweiter Durchgang. Für den nächsten Durchgang nehme ich einen veränderten Einstimmungssatz:
»Auch wenn da noch etwas Kopfschmerz ist, …«
Und nach dem nächsten Durchgang, wenn der Wert vielleicht auf 5, dann auf 3, dann auf 2 gesunken ist:
»Auch wenn da noch ein klein wenig Schmerz ist, …«

Das Ziel ist natürlich, bei jedem Thema oder Problem auf den Wert 0 zu kommen. Wenn die behandelte Person Ihnen andeutet, dass es für sie jetzt so viel leichter geworden ist und sie damit zufrieden ist, hören Sie auf. Keine gewaltsame Problemlösung. Sie müssen auch anerkennen, dass komplexe Themen wie schwere Traumata, die von einem Wert über 10 auf Wert 2 gesunken sind, einer mehrmonatigen therapeutischen Maßnahme entsprechen.

! Gähnen oder Müdigkeit während oder nach weiteren Durchgängen ist kein Zeichen dafür, dass sich der Klient oder Partner langweilt, sondern ein deutliches Signal, dass sich Anspannung und Stress gelöst haben. Es hat sich etwas gelöst!

Werden keine sofortigen oder anhaltenden Fortschritte erzielt, kann eine psychologische Umkehr vorliegen. Diese kann gefunden, benannt und aufgehoben werden. Dazu erfahren Sie später mehr.

Der EFT-Prozess auf einen Blick

❶ Thema / Problem genau beschreiben

❷ Einschätzung 0–10

❸ Einstimmungszone massieren,
dazu 3-mal Einstimmungssatz:
»Auch wenn …, liebe ich mich voll und ganz.«

❹ Klopfen der Punkte 1 bis 13
mit Wiederholung des Themas in Kurzform

❺ Gamutsequenz
- mit ständigem Klopfen der Gamutzone, ohne Kurzform zu wiederholen
- Augen links unten, rechts unten, rollen im Uhrzeigersinn / entgegen dem Uhrzeigersinn
- Summen
- Zählen
- Summen

❻ Klopfen der Punkte 1 bis 13
mit Wiederholung des Themas in Kurzform

❼ Einschätzung 0–10

Wenn das Problem / Thema noch akut ist, wird der alte Satz wiederholt oder ein neuer Einstimmungssatz gebildet, wie »Auch wenn da noch etwas, ein klein wenig, ein bisschen …« Weiter mit 3.

NEUE THEMEN TAUCHEN AUF

Es kann sein, dass während der Durchgänge Themen auftauchen, mitgeteilt werden, eben das, was hinter den körperlichen Symptomen liegt. Emotionale Blockaden oder negative Gedanken, Glaubenssätze, Überzeugungen – wie Begrenzungen oder Aussichtslosigkeit – können auftauchen und ausgesprochen werden. Sie sind oftmals wie ein Puzzle miteinander verbunden.

Beschäftigen Sie sich mit allem, was auftaucht, wenden Sie EFT auf wirklich alles an – auf alle emotionalen und mentalen Hintergründe, um die Beschwerden vollständig aufzulösen. Entfernen Sie Teil für Teil des Puzzles und es wird auseinander fallen.

SKEPSIS, MISSTRAUEN, EINWÄNDE

Nicht selten höre ich den Einwand der Skepsis oder des Misstrauens. Schließlich hat manch einer sehr viel Zeit und Geld in therapeutische Prozesse oder Heilmaßnahmen investiert. Und jetzt kommt da jemand und sagt, dass alles viel einfacher und kürzer sein kann. Behandeln Sie erst die Skepsis oder das Misstrauen mit EFT, bevor Sie das eigentliche Thema angehen.

Der Einwand des Widerspruchs, der Skepsis bietet zwei Möglichkeiten der Auflösung: Es wird die Gegenfrage gestellt, worauf man den skeptischen Standpunkt begründe, und ein Beweis dafür verlangt. Kann die Person beweisen, dass es wirklich nicht funktioniert? Es gibt einen sehr alten Einwand gegen die Skepsis, der besagt, dass der Skeptiker, gleichgültig, was er sagt, seine Skepsis oder sein Misstrauen selbst nicht ernst nehmen und nach ihr leben könne. Wahrheit wird durch Leidenschaft geschaffen und Skepsis zerpflückt sie wieder.

- *»Wie sehr misstrauen Sie mir / dem Verfahren?«*

- *»Wie sehr glauben Sie, dass diese Methode ausgerechnet bei Ihnen nicht wirkt?«*

Versuchen Sie es mit einer provokativen Übertreibung:

- *»Ja, ich vermute, dass Sie das nicht schaffen, dass es ausgerechnet bei Ihnen nicht wirkt.«*

- *»Kennen Sie das aus anderen Lebensbereichen?«*

- *»Ausgerechnet bei Ihnen wird das wohl nicht zum Erfolg führen!«* (Das kann humorvoll übertrieben und noch ausgebaut, ausgemalt werden.)

- *»Kennen Sie das von sich, dass Sie sowieso nie etwas schaffen?«*

Das hat natürlich auch Vorteile, denn notorische Dumme, Versager, Schwache und Kranke brauchen wenig Verantwortung zu übernehmen und finden immer wieder Helfer und Unterstützer, die diese wiederum brauchen, um sich gut zu fühlen.

DER PROZESS BLEIBT STECKEN

Hier liegt möglicherweise eine skeptische oder die Lösung verhindernde psychologische Umkehr vor. Es gilt, im Gespräch den Glaubenssatz oder die Überzeugung zu identifizieren, der/die einem Fortschritt im Wege steht.
Folgende Sätze können die skeptische psychologische Umkehr auflösen:

»Auch wenn ich es nicht wert bin, gesund zu werden, ...«
»Auch wenn ich es nicht wert bin, glücklich zu werden, ...«
»Auch wenn ich Angst habe vor den Veränderungen, die auf mich zukommen, wenn ich mein Problem nicht mehr habe, ...«
»Auch wenn ich nicht glaube, dass mir ein so einfaches System helfen kann, ...«
»Auch wenn ich es nicht für möglich halte, diese Angst loszuwerden, ...«
»Auch wenn ich nicht in der Lage bin, noch einmal etwas Neues anzufangen, ...«
»Auch wenn andere Probleme damit haben werden, wenn ich freier werde, ...«
»Auch wenn ich glaube, dass ich dieses Problem nie lösen werde, ...«
»Auch wenn ich es immer wieder vergesse, ... «
»Auch wenn ich meine, bei dieser Prüfung nicht gut genug zu sein, ...«
»Auch wenn ich mich mit allen meinen Begrenzungen und Problemen erlebe, ...«
»Auch wenn ich mein Problem löse und dadurch meiner leidenden Mutter untreu werde, ...«

Währenddessen klopfen Sie oder Ihr Gegenüber selbst den Karatepunkt oder der Einstimmungspunkt wird massiert. Der Satz wird 3-mal wiederholt.

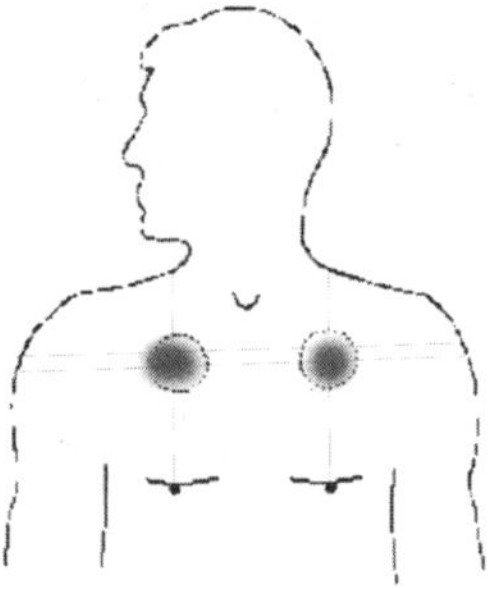

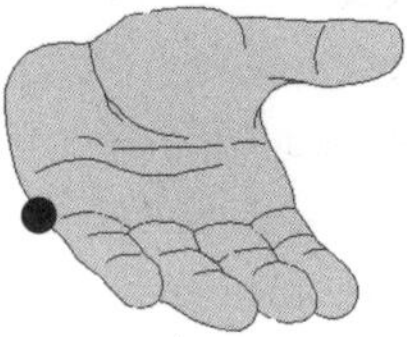

Wenn der Prozess stockt oder nicht unter den Wert 3 sinkt – in dem Fall liegt eine minimale psychologische Umkehr vor –, besteht eine weitere Möglichkeit darin, die Augenübung durchzuführen.

Während der Gamutpunkt geklopft wird, hält die Person den Kopf gerade und beginnt ganz langsam, vom Boden bis zur Decke zu schauen (8–10 Sekunden). Währenddessen wiederholt sie im Geiste oder leise die Kurzform des Einstimmungssatzes: *»Meine Kopfschmerzen… Meine Angst… Meine Zweifel… Meine Panik…«*

Hilfreich ist es auch, wenn die Person zwischen den Durchgängen aufsteht und einmal um den Stuhl herumgeht oder mit Ihnen den Platz tauscht. Sie kann auch kurz zum Fenster gehen und einen Blick hinauswerfen. Ein Glas Wasser sollte immer bereitstehen!

WIDERSTAND GEGEN DAS KLOPFEN UND / ODER EFT WEGEN TRAUMA – UNERWÜNSCHTE EMOTIONEN DURCH DAS KLOPFEN

Es gibt Fälle, in denen EFT gar nichts bewirkt. Das kann an einem Trauma liegen, dem sich die Person nähert, es aber abwehren und nicht wieder erleben möchte. Vielleicht besteht eine Abwehr gegen körperliche Berührung, das Klopfen. Sich selbst klopfen oder geklopft werden ist dann nicht möglich. Der Widerstand ist zu groß. Hier kann sogar Ärger oder Wut als sekundäre Emotion entstehen. Diese Emotionen haben nichts mit der Methode oder dem Trauma zu tun. Meine Empfehlung ist, erst einmal sehr, sehr sanft zu klopfen oder das Klopfen mit Sätzen zu visualisieren, beispielsweise: »Auch wenn das Klopfen bei mir Ärger/Wut/Angst auslöst, …« »Auch wenn sich das Klopfen wie eine Misshandlung/Verletzung anfühlt, …«
Erst danach kann das Trauma behandelt werden.

DAS PROBLEM WIRD NICHT GEFUNDEN

Wenn sich Zustände nicht ändern, liegt es daran, dass die eigentliche Ursache noch wirksam ist. Sie zu finden ist manchmal eine Kunst und erfordert Erfahrung oder Intuition. Glücklicherweise können einige allgemeine Sätze oder Fragen dabei helfen, die Ursache zu finden. Beispielsweise:

»Woran erinnert Sie diese Sache?«

Das führt oftmals zu wichtigeren Themen, in denen das Problem begründet ist.

»Können Sie sich daran erinnern, wann Sie zum ersten Mal diese Sache bemerkt, gefühlt, erlebt haben?«

»Wenn es hinter oder unter der Sache/Thema ein tieferes Gefühl oder etwas gäbe, was könnte es sein?«

»Wenn Sie Ihr Leben noch einmal leben könnten, welche Person würden Sie lieber nicht mehr treffen oder welches Ereignis würden Sie lieber nicht mehr erleben?«

Fragen Sie auch dann weiter, wenn nur ein *»Ich weiß es nicht«* kommt. Sie können auch fragen: *»Was würde es denn für mich sein?«*

Die Antwort auf diese Frage bezieht sich meistens genau auf das, was die Person für sich meint.

EFT-SITZUNG ABSCHLIEßEN

Verzeihen und Auflösen von Selbstkritik

Jahrzehnte- oder jahrelange körperliche, mentale oder emotionale Selbstsabotage durch psychologische Umkehr erzeugt oftmals einen heimtückischen Haken im System, der die PU verstärkt, besonders wenn diese mit Scham oder Selbstkritik, einem negativen Selbstbild, Selbsthass – siehe Sucht, die vom Süchtigen als Versagen mit Scham und Selbstverurteilung gekoppelt wird – verbunden ist. Wird diese nach anfänglich erfolgreichem EFT oder durch andere Maßnahmen nicht aufgelöst, kann der Haken das negative Thema wieder installieren.

In einer Basissequenz ist das Sich-selbst-Verzeihen für alle Schmerzen, Verluste, Selbsterniedrigungen, Unterwerfungen und Lügen (also das Auflösen) nach der Behandlung des vordergründigen Themas/Symptoms einzubinden.

Nach der Einschätzung kann beispielsweise gefragt werden:

»Wie sehr verurteilst du dich dafür, dass…«
»Wie sehr schämst du dich dafür, dass…«
»Wie sehr hasst du dich dafür, dass…«
»Wie sehr kritisierst du dich dafür, dass…«

Dann folgen die Lösungssätze, wie beispielsweise:

»Auch wenn ich mich für meine Schmerzen verurteile,…«
»Auch wenn ich mich für meine Lügen schäme,…«
»Auch wenn ich mich für mein Versagen hasse,…«

Erlauben

In vielen Fällen ist es wichtig, sich zu erlauben, ohne Beschränkung, Blockaden, Vergangenheit, Zwang, Angst, Leiden, Krankheit, Vorurteile, (Thema des Klienten) zu leben. Mit den folgenden Sätzen, die auf dem Karatepunkt geklopft werden, kann eine mögliche Blockade gegen eine Auflösung des Problems oder Symptomes entgegen gewirkt werden. Hier bedienen wir uns des Begriffes "System", weil das alles umfasst. Statt System kann auch Herz, Körper, Unbewusstes, Geist, Seele genommen werden. Für manche Klienten ist es aber wichtig, es beispielsweise als Herz genauer zu beschreiben, wenn es sich um Liebeskummer, Partnerverlust oder Kränkung handelt.

»Ich erlaube meinem Herz, ohne Schmerzen zu sein.«
»Ich erlaube meinem Körper, ohne Leiden zu sein.«
»Ich erlaube meinem System, angstfrei zu sein.«
»Ich erlaube meinem System, ohne Beschränkungen zu sein.«

Gleiches »Erlauben« ist sinnvoll, wenn dem Klienten Schmerzhaftes von anderen widerfahren ist.

»Ich verzeihe... was er mir getan hat.«
»Ich verzeihe... was mir durch... geschehen ist.«
»Ich verzeihe allen Menschen, die mich zurückgewiesen haben.«

Verdienen

Eine unbewusste Blockade im Sinne einer Selbstsabotage kann das Auflösen von Themen verhindern, wenn man es nicht verdient hat, gesund, stark, frei, kompetent usw. zu werden. Dazu eignet sich nach dem Einstimmungssatz noch einen weiteren Einstimmungssatz zu formulieren und erst danach zu klopfen.

»Auch wenn es mir nicht zusteht, frei von Angst vor... zu sein, liebe und akzeptiere ich mich voll und ganz.«
»Auch wenn ich es nicht verdient habe, frei von meiner Erfolglosigkeit zu sein, liebe und akzeptiere ich mich voll und ganz.«

DER SACHE AUF DEN GRUND GEHEN – ASPEKTE ERFORSCHEN

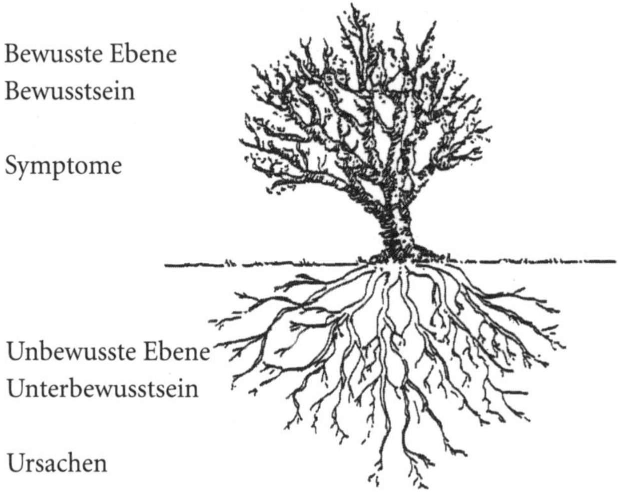

Oftmals sind Blockaden im Unterbewusstsein miteinander verbunden. Die Wurzeln können, wenn zahlreiche Ursachen oder Querverzweigungen bestehen, nach und nach gezogen oder freigelegt bzw. buchstäblich weggeklopft werden. EFT wirkt in einem Geflecht emotionaler Wurzeln, indem Wurzel für Wurzel herausgenommen werden, sodass die Sicht klarer wird, die Situationen transparenter werden. Es gibt auch Fälle, in denen sich durch das Auflösen einer Blockade ganze Blockadereihen auflösen. Begehen Sie nicht die Anfängerfehler, bei einem Thema zu bleiben und sich nach einer EFT-Sitzung zufrieden zu geben.

Das Feld untersuchen, nach Aspekten ausschauen

Es ist eine nichtmedizinische Sichtweise, dass die meisten unserer Unpässlichkeiten, Leiden oder Krankheiten Manifestationen ungelöster emotionaler Themen sind – nicht nur Traumata. Zu diesen gehören auch Krebserkrankungen und degenerative Krankheiten. Diese Sichtweise rührt von der Beobachtung her, dass körperliche Symptome sich auflösen oder an Heftigkeit verlieren, wenn sich Schuld, Scham, Ängste, Ärger etc., die sich lebenslang aufgebaut oder aufgestaut haben, auflösen. Es können natürlich auch andere Gründe vorliegen, aber bei EFT hat es sich oft genug gezeigt, dass die emotionale »Reinigung« solche ansehnlichen Resultate auf der somatischen oder psychosomatischen Ebene ergaben.

Nun können manche Menschen keine emotionale Intensität spüren. Sie können auch keine Wertung dafür vornehmen. Sie selbst stecken fest oder dies trifft auf Ihr Gegenüber, das EFT erhält, zu. Es gibt auch Menschen, die ein beschütztes und ausgeglichenes Leben geführt haben, aber das kommt sehr, sehr selten vor. Eher jedoch werden Emotionen unterdrückt oder es wird angenommen, dass dieses oder jenes Thema normal sei und daher nicht angesprochen werden müsse. Mancher lebt fortwährend in einem Beziehungskonflikt und meint, alle würden das so erleben und es wäre doch ganz natürlich.

Solange Probleme und Themen unentdeckt bleiben, werden sie weiter ein Schattendasein führen und das Leben des Menschen beeinflussen. Welche Themen könnten es sein, nach denen wir fragen können?

Das Gefühl von Unzulänglichkeit und Wertlosigkeit, weil man nie die Erwartungen von Eltern oder Gesellschaft erfüllt hat. Dies kann sich sowohl auf die Leistungen als auch auf das Erscheinungsbild beziehen. Es kann ein großes Thema sein, das meistens unbewusst ist.

Vergessene Ängste oder Befürchtungen, die schon in der Kindheit etabliert und dann im Erwachsenenalter zu einer Überzeugung wurden. Aus einem erschreckenden Erlebnis eines Fernsehprogramms in frühen Kindheitstagen kann die Überzeugung »Traue niemandem, der wie… aussieht. Man kann nie wissen, wie Menschen wirklich sind!« werden. Derart unlogisch operiert der kindliche Verstand und später reagieren diese Menschen emotional, auch wenn es völlig irrational erscheint.

Eine lange Liste von Themen wird nicht angesprochen, weil die Überzeugung vorherrscht, damit könne nichts gemacht werden. Es ist eben so. Es gibt Schuldgedanken über eine Handlung oder das Unterlassen einer Handlung, sodass das Thema nicht angesprochen werden darf.

Eine »Sünde« wurde begangen und je nach religiöser Überzeugung könnte Gott nur darauf warten, dass sie angesprochen wird, um eine Strafe folgen zu lassen. Es handelt sich dabei um tief sitzende Gedanken, die nicht zu unterschätzen sind.

Hier noch einige Fragen für Sie, um das Dunkel aufzuhellen:

»Wenn Sie noch einmal leben könnten, welche Person oder welches Ereignis würden Sie lieber nicht treffen oder erleben?«
»Wann haben Sie das letzte Mal geweint und warum?«

»Was macht Sie ärgerlich und warum?«
»Was stresst Sie und warum?«
»Was regt Sie an anderen Menschen auf und warum?«
»Was machte Sie am meisten traurig?«
»Was fehlt Ihnen zu einem perfekten Leben?«
»Nennen Sie drei Ängste, die Sie lieber nicht hätten.«
»Werden Sie in den Himmel kommen?«
»Was hätten Sie lieber nie getan?«
»Was fällt Ihnen zu Verrat ein?«
»Kennen Sie Demütigung und Zurückweisung?«
»Was hat Sie am meisten schockiert?«
»Wie denken Sie über Partnerschaft?«
»Haben Sie lebendige, aufrichtige Beziehungen?«
»Welche Erinnerungen Ihres Lebens belasten Sie heute noch?«
»Wie stark schätzen Sie Ihren Selbstwert ein?«
»Wie sehr sind Sie mit Ihrem Leben zufrieden?«

(Beachten Sie: Es geht um das, was Sie **jetzt** oder **momentan** empfinden bei einer Erinnerung, nicht, wie eine Situation damals war.)

BEDENKEN NACH DEM PROZESS

»Das ist jetzt hier zwar ganz gut, aber wenn ich draußen bin oder auf der hohen Brücke stehe oder im Flugzeug sitze oder wieder Milch getrunken habe, wird die Angst, der Schmerz, die Allergie bestimmt wieder auftreten.«

Halt! Es ist der Gedanke, der die Beschwerden, die negativen Emotionen auslöst. Nach dieser Behandlung hat das System erfahren, dass Gedanken ohne die negativen Folgen kommen dürfen! Das ist ja das Erstaunliche an EFT, dass die Blockade, die sich als Emotion oder psychosomatische Beschwerde zeigt, aufgelöst ist. Wenn etwas doch oder wieder oder stärker als jetzt auftritt, dann ist es ein bisher nicht aufgetauchter Aspekt, den wir nicht behandelt haben.

UNTERWEGS

Unterwegs, in der Öffentlichkeit, am Arbeitsplatz, im Bus können Sie möglicherweise das EFT-Ritual nicht durchführen, wenn Sie es dringend bräuchten.

Oft reicht es dann nach einigen selbst durchgeführten Sequenzen, wenn Sie die Punkte oder den wichtigsten Punkt, den Sie festlegen, mit sanftem Druck berühren und dabei tief atmen und an das Thema denken.
Manche Menschen klopfen nur den Karatepunkt oder massieren kurz die Einstimmungszone.
Fortgeschrittene stellen sich vor, dass sie eine Sequenz klopfen, wenn Ort und Zeit kein anderes Vorgehen zulassen.

DER WERT DER BESTÄNDIGKEIT

Dauerhaftes Anwenden von EFT bei hartnäckigen oder sich wiederholenden Blockaden bringt Erleichterung, Befreiung, Lösung. Mit jeder Behandlung wird das Problem schwächer, andere Aspekte tauchen auf, lösen sich auf.

Klopfen Sie alles! Es werden immer weniger Aspekte auftauchen, Sie werden immer leichter und freier.

EFT MIT STELLVERTRETERN

Besonders für Kleinkinder und Babys eignet sich EFT mit Stellvertretern. Hier nimmt beispielsweise ein Elternteil die Rolle des Kindes ein und spricht die Einstimmungssätze, etwa: »Ich bin Maria (Name des Kindes) und auch wenn ich jetzt Bauchschmerzen habe, ...«

EFT VISUALISIEREN

Erfahrene EFT-Anwender visualisieren sowohl das Massieren der Einstimmungszone als auch das Klopfen. Erfahrungsberichten zufolge werden damit die gleichen Resultate erzielt wie beim realen Durchführen der Basissequenz.

EFT PER TELEFON

Professionelle EFT-Therapeuten oder Coachs führen per Telefon EFT durch, indem sie den Klienten die Einstimmungssätze geben und sie die Methode (die den Klienten bekannt ist) durchführen lassen. Sie erzielen damit sehr gute Resultate, beispielsweise bei plötzlich auftretenden Panikattacken, Krämpfen, in der Drogenentzug-Begleitung etc.

TEIL 3

DIE PSYCHOLOGISCHE UMKEHR – DEN DIAMANT REINIGEN

KEINE AFFIRMATIONEN, KEIN POSITIVES DENKEN

Eine Frage von neuen EFT-Anwendern, die versuchen, diese Methode mit irgendetwas Bekanntem zu vergleichen, taucht immer wieder auf: Sind die Einstimmungssätze Affirmationen? Nein, EFT benutzt keine Affirmationen, sondern befreit durch die Sätze »*Auch wenn …, liebe und akzeptiere ich mich voll und ganz.*« vom Stress der Sache. Mit dem zweiten Teil des Satzes wird dem Unterbewusstsein signalisiert, dass der erste Teil des Satzes nicht gilt.

Affirmationen sind zunächst einfache Sätze, Wörter, die affirmativ sind, also bejahend. Bekannt geworden sind Affirmationen durch das positive Denken, eine suggestive (Selbst-) Programmierung. Bekannt ist vor allem der Satz des Franzosen E. Coue »*Von Tag zu Tag geht es mir besser und besser!*«. Aber probieren Sie es einmal. Übermorgen sind Sie schlecht gelaunt oder haben Kopfschmerzen. Ja, Sie können das Unwohlsein übergehen und nach außen gut gelaunt erscheinen. Doch damit ist es nicht verschwunden.

Positives Denken ist an sich nicht schlecht, stößt jedoch recht schnell an seine Grenzen. Zum einen werden die Sätze zumeist vom Verstand ausgewählt, der über eine unbewusste Ebene mit den Gewohnheiten eng verknüpft ist. Zum anderen verfällt der Verstand gerade deshalb in das Vergessen, weil er sich selbst überlisten müsste. Was folgt: Die Affirmation wird vergessen.

Außerdem benötigt man für die Wirkung der Affirmation einen leichten Trancezustand – auch das will erst einmal gelernt sein: sich selbst in Trance versetzen und dabei ständig die Affirmationen wiederholen. Affirmationen sind nur dann wirksam, wenn sie im Unterbewusstsein ein erlebtes und passendes Beispiel oder eine Entsprechung finden. Positive Affirmationen, die vom Unterbewusstsein nicht anerkannt werden, sind eine Lüge, die Stress erzeugt.

Positive Affirmation: Ich bin glücklich.
Unterbewusstsein: Das Leben ist eine Qual.
Resultat: Das Leben bleibt eine Qual.
Das ständige »Ich bin glücklich"-Denken kann ganz schön anstrengend werden.

SELBSTERFÜLLENDE PROPHEZEIUNG

Die selbsterfüllende Prophezeiung ist der Name für ein Phänomen, dass Ereignisse nur deshalb in vorausgesagter Weise geschehen, weil eine entsprechende Prognose gestellt wurde oder weil eine Erwartung hinsichtlich des Ereignisses gehegt wurde.

Prophezeiungen, Prognosen, Überzeugungen, Erwartungen, Glaubenssätze, Glaube – all das löst in vielen Fällen einen Prozess aus, der dazu führt, was ein Mensch glaubt. Glauben heißt hier nicht unverbindlich meinen, sondern mit unverrückbarer Gewissheit daran festhalten, die »Wahrheit« zu wissen. Erwartungen in diesem Sinn sind mit Gewissheit und Überzeugung verbunden. (Die Gewissheit und die Überzeugung lassen sich leicht aushebeln: *»Wie können Sie beweisen, dass das für immer gilt?«)*

Die selbsterfüllende Prophezeiung, die bei EFT behandelt wird, sind die hinderlichen, sabotierenden, hemmenden Überzeugungen und Glaubenssätze, die einen freien, leichten, entspannten Zustand verhindern. Die »guten« Überzeugungen wird wohl keiner loswerden wollen.
Deshalb ist es interessant und wichtig, sich dem Ort zuzuwenden, an dem diese »Gebrauchsanweisungen« oder »Betriebsanleitungen« für Ihr Leben abgelegt sind, die einen EFT-Prozess blockieren und Sie Ihr Leben nicht so erleben lassen, wie Sie es sich wünschen – dem Unterbewusstsein.

DIE THESEN DER ENERGETISCHEN PSYCHOLOGIE

- Probleme, Störungen und Blockaden sind die Folge von ungelösten negativen Emotionen und Überzeugungen.
- Gedanken, Gefühle und Verhalten werden kontrolliert und beschränkt durch ein unbewusstes Programm.
- Überzeugungen bestimmen Absicht, Zeitpunkt, Dauer und Häufigkeit von psychischen Symptomen oder Verhalten.
- Hemmende, blockierende, selbstzerstörerische Überzeugungen und emotionale Wurzeln müssen entfernt werden, um psychologische Freiheit zu erlangen.
- Die gesamte Geschichte Ihres Lebens einschließlich aller psychischen Themen ist in Ihrem Unterbewusstsein aufgezeichnet.
- Das Unterbewusstsein ist Ihr gehorsamer, treuer Diener.
- Unterbewusste Informationen können durch verschiedene Methoden (Intuition, Einsicht, Muskeltest, Stresseinschätzung / Skalierung / SUDS »Subjective Units of Distress«) präzise aufgedeckt oder entdeckt werden.

- Bewusstes Identifizieren mit Visualisieren und Erleben eines Problems ist für eine erfolgreiche Behandlung nicht nötig. Es wird bemerkt und behandelt.
- Jedes spezielle Thema oder Problem, einschließlich psychologischer Umkehr, kann durch eine Methode aufgelöst werden.

DAS UNTERBEWUSSTSEIN: SPEICHER VON ANPASSUNGS- UND ÜBERLEBENSSTRATEGIEN

Warum viele Therapien oder Maßnahmen nicht dauerhaft zu einer Lösung führen, liegt daran, dass alle Menschen innere, unbewusste Blockaden, Begrenzungen oder Einschränkungen haben, die bestimmen, in welchem Maße Fortschritt, Wachstum, Heilung oder psychische Freiheit erlaubt wird oder sich in ihrem Leben manifestiert. Diese »Widerstände« sind sehr schwer mit den üblichen Methoden aufzulösen, sofern sie überhaupt bewusst oder bekannt werden.

Die persönlichen Begrenzungen (Widerstände, Blockaden, Hänger) sind sehr individuell und spezifisch. Sie agieren typischerweise unter der bewussten (Verstand-)Ebene. Sie sind automatisch und unbewusst, lassen uns nicht wissen, warum wir auf eine Weise reagieren oder agieren. Diese »unbewussten Anleitungen« sind in der Kindheit, meist frühen Kindheitstagen, bis zum Alter von 18 bis 22 Jahren gelernt und angelegt worden.

Die unbewussten Überzeugungen oder Glaubenssätze und Beschlüsse leiten und kontrollieren die Wahrnehmung,

Gedanken, Wahlmöglichkeiten, Entscheidungen, Gefühle und Handlungen. Sie und nicht unsere Gedanken bestimmen den Kurs unseres Lebens und auch, wie wir es erleben.

Das Unterbewusste hat sehr spezifische und detaillierte Definitionen und bestimmt und kontrolliert:

- WER WIR SIND: Selbstbild, Selbstwert, Selbstidentität, was wir können oder erleben dürfen, was uns gestattet ist, zu erleben, und zwar auf körperlicher, emotionaler, geistiger, spiritueller, finanzieller, sozialer Ebene, Besitz, Erfolg, Macht ...).

- WIE LEICHT ODER SCHWIERIG ES IST: als Antreiber oder Perfektionist, mein Selbstbild/Selbstvertrauen ...).

- WAS WIR VERLANGEN DÜRFEN: was wir für uns und von Mitmenschen, Gesellschaft, Freunden, von der Welt, von Partnern, von Gott fordern können).

- ZAHLREICHE BESCHRÄNKUNGEN: unsere Fähigkeiten und Möglichkeiten.

Das Unterbewusste wurde dazu ausersehen, uns das Leben so erleben zu lassen, wie es für uns sein sollte. Und das macht es sehr effizient und verlässlich. Das Unterbewusste wurde dazu programmiert, Folgendes zu verursachen:

- eine spezielle Reaktion
- den genauen Zeitpunkt
- die Dauer des Erlebens

- ein genaues Resultat oder Ergebnis
- ein Wiederholen von Erleben oder Reaktionen zu einem genau festgelegten Rhythmus von Zeitpunkt und Häufigkeiten

Als ein interessantes Phänomen des Unterbewusstseins spielt die psychologische Umkehr eine bedeutsame Rolle, denn sie kann alle Maßnahmen, um einen negativen Zustand nicht mehr zu erleben, blockieren. Die psychologische Umkehr wirkt sich dahingehend aus, dass wir letzten Endes resignieren und uns mit weniger zufrieden geben als einem wirklich reichen und farbigen und spannenden Leben der Selbsterfüllung und Kreativität. Was wichtig ist: Wir ärgern uns darüber (über uns), sind frustriert, enttäuscht. Diesen ganzen Frust projizieren wir dann auf unsere Mitmenschen, Dinge, die Gesellschaft, Gott, aber damit ist es nicht verschwunden.

DIE PSYCHOLOGISCHE UMKEHR: SELBSTSABOTAGEPROGRAMME

Nach den Erfahrungen nicht nur von Gary Craig, der tausenden Menschen mit EFT half, sondern auch unzähligen EFT-Anwendern auf dieser Welt, kommt es bei Süchten, Depressionen und degenerativen Erkrankungen in 90 Prozent der Fälle zu einer psychologischen Umkehr. Auch viele immer wiederkehrende unerwünschte Situationen, Leistungsblockaden, Erfolgsblockaden (»Immer wieder mache ich…« »Immer gerate ich in die gleiche Situation.«) haben als Wurzel eine psychologische Umkehr. Wie funktioniert denn nun diese psychologische Umkehr? Man nehme eine Taschenlampe und lege die Batterien falsch hinein, Minuspol auf Pluspol. Minus und Plus zeigen die Polarität. Ergebnis: Kein Licht, da keine Energie fließen kann.

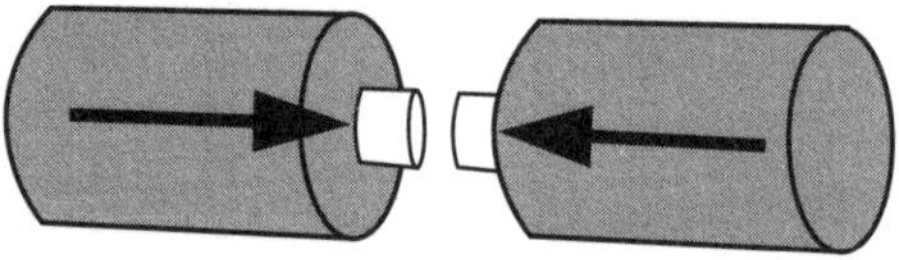

Bei der psychologischen Umkehr ist es so, als ob Ihre Batterien falsch eingelegt sind und einige Bereiche nicht funktionieren. Der Energiefluss ist augenblicklich gestört.
Von psychologischer Umkehr spricht man, wenn die intellektuell positiv bewerteten Ziele unbewusst abgelehnt, ja sogar blockiert werden. Dies kann Ausdruck eines tief sitzenden Selbstblockade- oder gar Selbstzerstörungsprogramms sein. Negative Wünsche, Skeptizismus, Verwünschungen, Verfluchungen spielen oft eine große Rolle. Auch Einflüsse aus dem Informationsfeld der Herkunftsfamilie bestimmen die Gefühle, das Denken und Verhalten. Sie wirken wie ein »Bann« und sind Veränderungs- oder Heilungsblockaden. Sie können jegliche therapeutische Maßnahme unmöglich machen.

Erst wenn diese *Umkehr* aufgehoben ist, so, wie es bei den Batterien in einem Elektrogerät der Fall ist, wird die *Blockade* aufgelöst sein.

Das Unterbewusste bringt Gedanken und Verhaltensweisen hervor, die das Gegenteil dessen sind, was wir normalerweise als unsere Ansicht, unsere Denkweise und unser Verhalten bezeichnen würden.

Das ist der Grund, warum einige Menschen nicht abnehmen können, süchtig bleiben, Angst- und Panikzustände nicht loswerden, ständig Schmerzen haben oder auch Gewohnheiten nicht ablegen können usw.

Psychologische Umkehr oder auch das so genannte mentale Switching heißt: Intellektuell (verstandesmäßig) positiv bewertete Ziele (»Ich werde nicht mehr so viel essen!«) werden durch das Unbewusste blockiert. Das Unbewusste aber sagt: »Wenn ich nicht viel bekomme, verhungere ich.«
Eine Frau, die wegen Übergewicht durch regelmäßige Völlerei EFT bekam, äußerte nach einigen Durchgängen: »Es geht ja gar nicht ums Essen. Ich möchte etwas in meinem Bauch haben.« Und nach einem weiteren Durchgang mit »Auch wenn ich noch nicht weiß, was ich im Bauch haben möchte,...« sagte sie, dass sie eigentlich schwanger sein möchte. Es gibt also nicht nur Blockaden, sondern auch Herzenswünsche. Warum dieser Herzenswunsch nicht erfüllt wurde, wird in der nächsten EFT-Sitzung ermittelt. »Ich darf keine Abhängigkeit zulassen!«

Viele Menschen haben zahlreiche Blockaden und Einschränkungen zu den unterschiedlichsten Themen in sich gespeichert, die dann auch noch mit viel emotionaler Intensität verbunden sind. Denken Sie nur einmal daran, wie schwer es Ihnen fällt, abzunehmen, sich mehr zu bewegen, das Rauchen aufzuhören oder andere unangenehme Aufgaben zu bewältigen oder mit dem ungeliebten Computer zu arbeiten.

Bei solchen Themen fallen einem meist eine ganze Menge unangenehmer Gefühle ein, die man ganz sicher nicht haben will. Deshalb vermeidet man solche unangenehmen Situationen, solange es eben geht. Aber manchmal geht es eben nicht mehr und man muss sich der Situation stellen. Die Psychologen bezeichnen dies als das Verlassen der Komfortzone. Manchmal sogar, eben wenn die unangenehmen Gefühle so stark sind, dass man glaubt, es nicht mehr aushalten zu können, vermeidet man weiterhin das, was man eigentlich tun sollte, aber nicht kann.

Offensichtlich ist das Unterbewusste stärker als der Verstand. Das ist darauf zurückzuführen, dass der größte Teil unserer Persönlichkeit aus dem Unterbewusstsein besteht, so ca. 90–95 %. Der Rest teilt sich in 3 % Ego und 2 % Verstand auf. Wissenschaftler haben dazu geforscht und herausgefunden, dass das Unterbewusstsein die Entscheidung schon getroffen hat, **bevor** der Verstand sich entschieden hat, eine Handlung ausführen zu lassen. Wir tun also nur das, was unser Unterbewusstsein bereits beschlossen hat, in dem Glauben, es wäre die Entscheidung unseres bewussten Verstandes.

Ist die Energie durch eine Erfahrung, eine Überzeugung, einen Glaubenssatz, ein Trauma gestört, finden wir eine Energieblockade vor. Mit EFT lässt sich nun diese Blockade auflösen und durch eine Auflösung des Symptoms oder eine Veränderung der Gewohnheiten oder Ängste etc. der Erfolg feststellen.

Eine psychologische Umkehr hindert uns auch daran, Lösungen zu erkennen, selbst wenn wir das Wissen dazu haben. Sie verhindert auch, dass wir Lösungen umsetzen, auch wenn wir die Fähigkeiten dazu besitzen. *»Abnehmen* *ist gesund – klar, aber ich kann einfach meine Ernährung nicht umstellen, ich schaffe es nicht!«*

Die psychologische Umkehr ist, einfach gesagt, der Grund für selbstzerstörerisches Verhalten. Das negative Denken oder die Selbstsabotage verursacht keine Empfindungen, die wir wahrnehmen können, und bleibt so unerkannt. Wird sie erkannt, werden sich die meisten Menschen sofort weigern, etwas dagegen zu unternehmen, weil das Unterbewusste allen Widerstand aufbietet. Glaubenssätze und Überzeugungen sind stärker als jeder Wille.

Glaubenssatz: »Ich bin nicht gut genug.«
Folge: Ich bin in einer schwierigen Beziehung, in der ich ausgenutzt werde.
Folge: Ich bin unglücklich und verzweifelt.
Folge: Ich habe oft Kopfschmerzen und Nierenprobleme.

Glaubenssatz: »Ich bin zu schwach.«
Folge: Ich bin wie gelähmt, verwirrt, habe eine Denkblockade bei Prüfungen, Vorstellungsgesprächen, beim Auftreten in der Öffentlichkeit.
Folge: Ich verliere meinen Job, bekomme keinen guten Posten mehr, meine Kreativität ist blockiert, ich kann mich nicht zeigen.
Folge: Ich bin deprimiert.

Auf die Frage »Wollen Sie glücklich sein?« lautet die Antwort normalerweise »Ja«. Bei der psychologischen Umkehr kommt jedoch beispielsweise die Antwort: »Ich weiß nicht, ob ich jemals glücklich sein werde.«

Glaubenssatz: Ich verdiene es nicht, glücklich zu sein (vielleicht ein Bündnis mit unglücklichem Elternteil). Ich schäme mich für eine Handlung und daher bin ich es nicht wert, glücklich zu werden.

Man kann sich gegen die psychologische Umkehr wehren und sich über sie hinwegsetzen, doch das kostet eben Kraft und ist langfristig keine zufrieden stellende Lösung. Die psychologische Umkehr lässt sich durch das Behandeln zweier Punkte automatisch korrigieren. Einfach!

Wir suchen bei EFT nicht nach der psychologischen Umkehr, indem wir krampfhaft oder therapeutisch nachfragen oder analysieren. Wir lassen sie unbehelligt und beschäftigen uns nur mit den energetischen Blockaden, mit der Erscheinung eines Symptoms. Das dauert 2 bis 4 Minuten in einer EFT-Basissequenz, die möglicherweise einige Male wiederholt werden muss.

Entschleiert sich die psychologische Umkehr, auch gut. Das geschieht nicht selten während der EFT-Sitzung. Nach dem Auflösen eines generellen Schmerzes in den Beinen, der eine Person stark und lange beim Gehen behinderte, äußert diese: *»Ach, jetzt spüre ich etwas Angst.«* Auf die Frage, wo die Angst spürbar ist: *» Hmm, da ist ja Angst in den Beinen.«* Dann wird die Angst mit EFT behandelt. Wenn die Angst aufgelöst ist, kann nachgefragt werden, ob es dafür einen konkreten Grund gibt. *»Woran erinnert Sie diese Situation?« »Kommt da eine Person oder eine Begebenheit vor?«* Wenn nichts gefunden wird, kann mit dem Satz *»Auch wenn ich jetzt keine Antwort weiß, ...«* EFT fortgesetzt werden. Wenn nicht schon in dieser

Sitzung, dann doch meistens eine Woche später berichtet die Person über eine Situation, einen Menschen oder eine Überzeugung, die in ihrem Bewusstsein aufgetaucht ist. »*Ich darf mich nicht so weit weg von zu Hause entfernen (hatte die Mutter immer wieder gesagt).*« So entstand eine psychologische Umkehr, die ein Entfernen von »zu Hause« blockierte und damit Schmerzen in den Beinen erzeugte. Sie kann dann im weiteren Prozess durch neutralisierende Einstimmungssätze korrigiert werden.

Durch die positive Gestaltung der Affirmation »*Ich liebe und akzeptiere mich …*« bzw. »*Ich bin völlig in Ordnung, auch wenn …*« übernehmen wir außerdem Verantwortung für die Störung. Wir sind es, die uns stören oder behindern – nicht andere, nicht Umstände, nicht das Klima, nicht Gott etc. Wir akzeptieren unseren Beitrag durch das Klarstellen und Benennen.

Wir können uns nicht verändern oder etwas korrigieren, solange wir uns nicht dazu bekennen und es benennen!

Die häufigsten Arten der psychologischen Umkehr oder Selbstsabotage

Massive Umkehrung

Sie beeinträchtigen die Hauptaspekte des Lebens vor allem in den Bereichen, in denen ständig nichts klappt, alles schief läuft oder nie etwas erreicht wird – so scheint es. Diese Menschen machen den Eindruck, als wollten sie unglücklich sein.

Auch wenn sie glauben, glücklich oder erfolgreich sein zu wollen, provozieren sie durch ihr Verhalten genau das Gegenteil. Sie lehnen gute Gelegenheiten ab, verpassen sie oder kommen zu spät. Sie können die Gunst der Stunde nicht erkennen und konzentrieren sich lieber auf den vielleicht einzigen negativen Aspekt der Situation (Ort, Uhrzeit, Umstände, Wetter, Mitmenschen passen nicht). Im schlimmsten Fall suchen sie sich aktiv die negativen Situationen aus – ständig unglückliche Beziehungen, die ungünstigste Situation, chronische Depressionen, wiederkehrende Schulden, Entlassungen, Suchtprobleme.

Tief sitzende psychologische Umkehrung

Diese Menschen wollen etwas verändern, glauben jedoch, dass ihr Problem zu groß sei, zu übermächtig oder zu sehr Teil ihres Lebens (Karma, Schicksal, Unbedingtheit, Los), als dass es gelöst werden könne. Sie halten auf einer unbewussten Ebene daran fest, »dass es keinen Ausweg gibt«. Gepaart mit mangelndem Selbstvertrauen und der Unmöglichkeit, das Leben ohne dieses Problem zu visualisieren, bleibt das Problem weiterhin bestehen.

Spezifische Umkehrung

Sie kommen am häufigsten vor und sind meistens mit einer Situation gekoppelt: Höhenangst, Flugangst, Spinnenphobie. Hier muss nur diese Situation bearbeitet werden – keine anderen Hintergründe sind zu erforschen. Zuerst muss aber die Frage positiv beantwortet werden, ob der Betreffende jetzt bereit ist, das Problem zu lösen. Denn wenn er jetzt blockiert ist, wird er nicht in der Lage sein, loszulassen.

Verdienst- und Erlaubnisumkehrung

Hier stehen die Glaubensmuster oder spezifische Probleme im Vordergrund. Es geht darum, ob der Mensch glaubt, dass er es verdient, sein Problem zu lösen, ob er es sich erlaubt. Wenn jemand unter einer schweren Schuld leidet, will er vielleicht davon wegkommen, aber im Unterbewusstsein steht: Du hast es verdient, dich schuldig zu fühlen und darunter zu leiden. Hier muss erst das Thema geklopft werden, was jemand verdient zu haben glaubt. Erst dann kann die Schuld behandelt werden.

Wiederkehrende Umkehrung

Nach beträchtlichen Fortschritten ist das ursprüngliche Stressniveau, die emotionale Belastung, die körperliche Störung wieder da. Hier ist es nicht zum Stillstand gekommen – das ist wichtig zu erkennen, denn die Behandlung ist effektiv, es liegt also kein Versagen Ihrerseits vor. Es ist jedoch Geduld vonnöten: Man muss wieder von vorne beginnen und die Umkehr neu oder anders formulieren. Jegliche Möglichkeit einer Umkehrung ist zu bedenken und aufzulösen. Das trifft besonders bei einer Sucht zu. Mit der Praxis erkennt man immer schneller, welche Umkehrung jetzt blockiert, sabotiert.

Miniumkehr

! Prozess bleibt bei 1–3 stecken. Hier wird mit der Augenübung und dem Klopfen des Gamutpunkts der Einstimmungssatz oder der Widerstand benutzt.

Zusammenfassung

Je genauer Sie hinschauen, hinhören, hineinspüren, desto besser werden die Ergebnisse sein. Psychische Umkehrungen, Suchtprobleme, ehrgeizige Menschen, Scham, Schuld, langfristiger Kummer oder Energiemangel, Lethargie/Passivität durch diese Probleme müssen mehrmals bearbeitet werden. Das kann durchaus bedeuten, in Schritten über mehrere Wochen täglich zu klopfen.

Um eine vermutete psychologische Umkehr zu entmachten, können folgende Sätze angewendet werden:

»Auch wenn mein Problem so groß und unüberwindlich ist, …«
»Auch wenn ich mir nicht sicher bin, dass ich ohne das Problem leben kann, …«
»Auch wenn ich lieber mit dem Problem lebe, …«
»Auch wenn ich vergesse, dass ich wegen meines Problems etwas tun kann, …«
»Auch wenn ich es nicht wert bin, … zu werden, …«
»Auch wenn ich nicht glaube, dass mir … helfen kann, …«
»Auch wenn ich es nicht für möglich halte, diese … loszuwerden, …«

»Auch wenn ich nicht in der Lage bin, noch einmal etwas Neues anzufangen, ...«
»Auch wenn ich mir nicht vorstellen kann, wie es ohne... ist, ...«
»Auch wenn ich glaube, dass ich dieses Problem nie lösen werde, ...«
»Auch wenn ich meine, bei dieser Prüfung nicht gut genug zu sein, ...«
»Auch wenn ich mit allen meinen Begrenzungen und Problemen lebe, ...«

Geburtstrauma als psychologische Umkehr

Liegt ein Geburtstrauma vor, fühlt sich der Mensch grundsätzlich nicht sicher und geborgen auf der Welt, im Leben. Es kann wie ein unterschwelliges, sabotierendes Programm alles Erleben, alle Wahrnehmungen, das Verhalten und alle Bemühungen beeinflussen. Es unterbricht den Energiefluss und führt somit zu einem Energiemangel. Manche Menschen wollen gar nicht hier sein oder leben. Sie sind in einem Konflikt, der stresst und schwächt. Die Interpretation der Welt als eine unsichere Welt ist eine wesentliche Basis vieler Symptome.

Wenn wir nicht JA sagen, HIER zu sein, leben wir im permanent schwächenden oder blockierenden Konflikt.

Die entsprechenden Lösungssätze sind vom Klienten mit Hilfe des Beraters zu finden und in möglichst genauen Formulierungen aufzulösen. Dann folgt der EFT-Durchgang.

Die psychologische Umkehr ist stärker als EFT

Einstimmungssatz mit Klopfen des Karatepunkts:
»Auch wenn ich diese Depression habe, ...«

Führen Sie jetzt einen Muskeltest durch.

Der Klient steht Ihnen gegenüber, sein aktiver Arm ist ausgestreckt, die Handfläche zeigt zum Boden. Bitten Sie ihn, den Arm zu stärken. Drücken Sie mit Ihrer Hand seinen Arm, um den Widerstand zu spüren. Fordern Sie nun den Klienten auf, ein Ja zu denken, und versuchen Sie, den ausgestreckten Arm zu bewegen, indem Sie mit Ihrer Hand seine Hand niederdrücken.
Nun wiederholen Sie das Ganze mit einem Nein.
Sie werden feststellen, dass ein Ja den Arm nicht oder nur sehr gering bewegen lässt. Ein Nein dagegen macht den Arm schwach, wodurch er sich leicht niederdrücken lässt.
Dieser Muskeltest ist auch hilfreich, um festzustellen, ob die Resultate des EFT später bei diesem Klienten anhalten werden oder ob er das Thema oder die Problematik wirklich loslassen möchte.

Der Muskeltest:
»Mach den Arm stark.«
Testen: *»Ich möchte diese Depression nicht haben.«*
Testen: *»Ich möchte diese Depression behalten.«*
Was war stärker?
Wenn »Ja, ich möchte diese Depression behalten«, dann Klopfen des Karatepunkts mit dem Satz *»Auch wenn ich diese Depression behalten möchte, ...«*

Erneuter Muskeltest.

Wenn die Person bei ihrem Nein bleibt, also das Problem aufgeben oder auflösen will, können Sie es in dieser Sitzung nicht behandeln. Denken Sie daran, dass manche Themen wie ein Apfel am Baum sind, der den richtigen Zeitpunkt zum Fallen braucht. Vielleicht ist es schon der nächste Tag. Weichen Sie auf andere Aspekte aus.

Was zwischendurch möglich ist: Fragen Sie nach, ob sich eine Blockade körperlich fühlen lässt. Diese versuchen Sie dann, mit EFT aufzulösen. Oftmals muss erst einmal die körperliche Sensation aufgelöst werden.

Sie haben eine weitere Möglichkeit einer Abkürzung, wenn eine PU unauflösbar erscheint oder ein Prozess langsam läuft:
Klopfen Sie nach der Basissequenz Jochbein – Schlüsselbein – Unter Arm und zurück. Sie können das mehrfach wiederholen und zwischendurch nach der Einschätzung fragen.

Das ultimative Verfahren

Die immer wiederkehrenden Probleme und Blockaden, die sich aus Gewohnheiten und psychologischer Umkehr ergeben, werden bei EFT mit folgendem Einstimmungssatz behandelt, der mit einer Basissequenz geklopft wird:
»Ich werde mir keine Probleme oder Schmerzen mehr bereiten, egal was geschieht, und liebe und akzeptiere mich voll und ganz.«

Die Kurzform lautet: »*Keine Probleme und Schmerzen.*«

Bei Widerständen, Zweifel oder Skepsis wird eine Kurzform für das Klopfen des Karatepunkts oder die Augenübung genommen. Probieren Sie es aus! Wann immer ein Thema oder ein Symptom erneut auftaucht, führen Sie diese Übungen durch. Das können Sie fast überall machen.

Sollte eine Situation des Lebens verfahren, aussichtslos und unlösbar sein, die Gedanken ständig darum kreisen, was momentan geschieht und warum es geschieht, probieren Sie diese Sätze für mindestens einen Durchgang:
»*Auch wenn ich nicht weiß, was das Ganze soll,...*«
»*Auch wenn mir unbekannt ist, was das Leben von mir will,...*«

Denken Sie daran: Beständigkeit führt zu Befreiung.

TEIL 4

FALLBEISPIELE UND THEMEN

Die folgenden Fallbeispiele stammen von Gary Craig, anderen EFT-Praktizierenden und mir; dabei wurde EFT an der eigenen Person oder an anderen durchgeführt. (Die Namen von Personen wurden in authentischen Fällen geändert.) Sie können jegliche Einstimmungssätze in Fällen, in denen EFT gegeben wurde, auf sich selbst anwenden. Seien Sie kreativ, bilden Sie Ihre eigenen Sätze.

Begegnungen: Der unausstehliche Kollege

Angenommen, Sie arbeiten mit einem Kollegen oder einer Kollegin zusammen, der/die irgendein Verhalten hat, das Sie stört. Nutzen Sie EFT morgens – die Dreiminutenchance –, um sich von dem zu befreien, was Ihren ganzen Tag überschatten kann. Nehmen Sie den Einstimmungssatz mit dem Namen der Person und der abgelehnten Eigenschaft:
»Auch wenn ich mich ärgere, weil Frau Singer immer so nörgelt, …« »Auch wenn es mich rasend macht, wenn mein Chef so rechthaberisch ist, …«
Führen Sie eine Basissequenz durch und korrigieren Sie den Einstimmungssatz, wenn der Wert geringer wird, wie beispielsweise: *»Auch wenn es mich noch ein wenig ärgert, weil Frau Singer…«* Gehen die Werte langsam zurück, so können Sie auch die Kurzsequenz JB, SB, UA durchführen und dabei kontinuierlich den Satz sagen. Fahren Sie damit fort, bis Sie auf 0 sind. Machen Sie auch dann weiter, wenn es beim ersten Mal nicht gelingen sollte. Manche Lösungen haben einen Jetlag, sie kommen Stunden später oder erst am nächsten Tag. Versuchen Sie auch, mögliche verdeckte Aspekte zu entdecken:

»Auch wenn ich nicht weiß, was mich sonst noch so an Frau Singer ärgert, …« Lassen Sie die Sätze wirken und warten Sie auf einen möglichen Hinweis.

Selbstdarstellung: Nervosität vor Präsentation und dann im Stau stehen

Patricia hat heute am frühen Vormittag eine Besprechung mit den Abteilungsleitern. Dabei soll sie ein Marketingkonzept vorstellen, an dem sie maßgeblich mitgeplant hat. Schon am Morgen, bevor sie das Haus verlässt, spürt sie Nervosität. Sie beginnt mit dem Einstimmungssatz:
»Auch wenn ich mich jetzt nervös fühle, …«
Sie klopft so lange, bis die Nervosität auf 0 ist. Aber sie ist neugierig auf das, was dahintersteckt. Also fährt sie fort mit dem Satz:
»Auch wenn ich nicht weiß, warum ich nervös bin, …«
Sie klopft noch mit der Kurzform JB, SB, UA weiter. Da wird ihr klar, dass sie Angst hat. Angst vor einem Versagen. So klopft sie auch das Versagen:
»Auch wenn ich Angst habe zu versagen, …«
Angesichts dieser frühen Stunde reicht es ihr, mit dem Wert 2 aus dem Haus zu gehen. Einige Minuten später steht sie im Stau. Sie könnte zu spät kommen, ihr ganzer Zeitplan durcheinander geraten, Stress tritt auf. Nun klopft sie: *»Auch wenn ich mich gestresst fühle, weil ich im Stau stehe, …« »Auch wenn ich möglicherweise zu spät komme, …«*

Das ist EFT im Alltag.

Probleme mit Figur und Aussehen: Übergewicht

Eine Frau, die abnehmen wollte, aber immer wieder zu viel aß, kam zur Sitzung. Sie konnte das übermäßige Essen nicht lassen. Zunächst wurden die Schuldgefühle deswegen mit EFT völlig aufgelöst. Dann wurden die Situationen, in denen die Essattacken auftraten, behandelt. Diese bekommt sie jetzt selbst mit der Methode in den Griff, sie schafft es also, nicht übermäßig zu essen.

Im Laufe der Sitzung (20 Minuten) spürte sie ein anderes Verlangen: Sie wollte nicht den Magen, sondern den Unterleib gefüllt haben, und zwar mit einem Kind...
Ihr wurde klar, dass sie nicht übermäßig essen muss, um sich »rund« zu fühlen, sondern dass sie etwas ganz anderes braucht. Sie konnte das übermäßige Essen auf der Stelle abstellen. Für das wirkliche »Etwas« konnte sie kein Essen entschädigen.

Manche Menschen haben Probleme wegen Adipositas oder körperlicher Verformungen, wobei ihnen von der Umwelt signalisiert wird, dass mit ihnen etwas nicht stimmt.

Viele Menschen meinen, durch einen möglichst makellosen, einen der Werbung entsprechenden Körper beliebter, attraktiver, sexyer zu wirken. Durch Jahrzehnte der Indoktrination sind Merkmale wie jugendlich, faltenfrei, gesträhnt, großgewachsen, bauchfrei, fettfrei und straffer Busen zum Ideal erhoben worden. Nicht nur Frauen werden durch dieses Mode-, Fitness- und Schönheitsideal daran gehindert, selbstbewusst und mit innerer Ruhe ihr Leben zu verbringen.

EFT kann hier mit einigen Fragen beginnen:

»Wer würde sich daran erfreuen, sich dir zuwenden, dir Aufmerksamkeit schenken, nach dir Verlangen empfinden, wenn du einen schöneren, besseren, attraktiveren … hättest?«
»Warum musst du sie erfreuen?«
»Warum solltest du bessere, schönere … haben?«
»Wenn du schönere, bessere … hättest, würdest du wie … (Person ergänzen) *nicht mehr sein wollen?«*
»Wenn du schönere, bessere … hättest, würdest du besser sein als … (Person ergänzen)*?«*

Die EFT-Auflösungen:

»Auch wenn ich denke, andere beurteilen mich wegen meiner …, …«
»Auch wenn ich meine … nicht mag, …«
»Auch wenn meine … für die anderen wichtig sind/auf ihre Weise wahrgenommen werden/deren Sache ist/und meine innere Wahrnehmung anders ist, …«
»Auch wenn ich glaube, andere betrachten meine … so sehr, wie ich es tue, …«
»Auch wenn ein tieferes/geheimes/emotionales/größeres Problem sich hinter dem … verstecken mag, …«
»Auch wenn ich davon überzeugt bin, dass andere viel über meine … nachdenken/betrachten/Aufmerksamkeit geben, …«
»Auch wenn ich glaube, meine … sind ein Problem, …«
»Auch wenn ich mich unwohl fühle, wenn jemand über … spricht, …«
»Auch wenn meine Mutter üblicherweise über (meine Beine) sagte, sie (seien zu kurz), …«

Frau G. speckt ab, 45 kg nach vielen Diätversuchen

Das ist die Geschichte von Frau G., die nach 30 Jahren, die gekennzeichnet waren durch erfolglose Diätversuche, Jo-Jo-Effekte des Abnehmens und Zunehmens (etwa 500 kg Gewichtsverlust und -zunahme in dreißig Jahren), Bulimie in der Teenagerzeit, zahlreiche versuchte und abgebrochene Übungsprogramme, hoffnungsvolle Anfänge und niederschmetterndes Versagen, Weight-Watching, Kalorienzählen, Trennkost, Nahrungsergänzungsmittel, Abnehmpillen, Hypnose, Ernährungsberatung und eine Unmenge an Büchern über Schlankheit, Ernährung und Bewegung, ein Jahr nach mehreren EFT-Sitzungen 45 kg abgenommen hat.

Warum und wie es jetzt zum Abnehmen kam, sollen einige Fragen an Frau G. erhellen.

Frage: »*Was meinst du, hat dich davon abgehalten, dein Vorhaben durchzuhalten?*«
Frau G.: »*Was auftauchte, war Angst, Furcht. Ich fürchtete, meine Ernährung einstellen zu müssen. Es war wie Luftanhalten unter Wasser, und so war es immer nur eine Frage der Zeit, wann ich auftauchen und nach Luft bzw. Essen, viel Essen verlangen würde. Ich war auch die Nette, die Freundliche, die Menschen gefallen wollte, und dabei gleichzeitig sehr sensibel. Ich konnte meine Emotionen nicht kontrollieren, wenn ich nicht viel, zu viel gegessen hatte. Ja, ich befürchtete ständig, jemandem nicht zu gefallen oder dass jemand böse mit mir wäre. Ich konnte diese Angst einfach nicht handhaben.*«
Frage: »*Meinst du, EFT hat dir beim Abnehmen geholfen, und wenn ja, wie?*«

Frau G.: »*Ich meine nicht, ich bin mir sicher. Es war das bestimmende Moment von allen. Nach all diesen Jahren harter Arbeit, des Versagens, des Strauchelns und des Selbsthasses auf mein Versagen wirkte EFT trotz meiner Zweifel und wenn ich im Widerstand war. Ich hatte dir in den Sitzungen gesagt, dass ich zwischen den Sitzungen nicht EFT gemacht, also nicht selbst geklopft habe. Irgendwie hat es doch gewirkt. Heute denke ich, es war ein Wunder, und ich ließ es geschehen.*«
Frage: »*Ich erinnere mich an harte Zeiten.*«
Frau G.: »*Ja, manchmal rief ich unter Tränen an wegen einer Sitzung. Nach zehn Jahren Gesprächstherapie war ich erstaunt, wie leicht wir durch die tiefsten Schmerzen und Themen gingen, auch durch Telefonsitzungen. Es erstaunte mich, wie ich die Sitzung mit bestimmten Emotionen begann und sie sich auflösten und ich danach direkt zur Arbeit gehen konnte. Das war mir vorher nicht passiert.*«
Frage: »*Was waren die heftigsten Themen, die wir geklopft haben?*«
Frau G.: »*Das waren die Familiengeschichten. Ich fürchtete, meine Familie zu verlieren, weil sie es brauchten, dass ich krank bin. Ich glaubte, wenn ich mein Übergewichtproblem gelöst hätte, würde ich nicht mehr zu ihnen gehören.*«
Diese Themen haben wir geklopft: »Auch wenn ich fürchte, mich durch das Abnehmen illoyal gegenüber meiner Familie zu verhalten, ... Obwohl meine Familie es braucht, dass ich krank bin, und ich schlank sein möchte, ... Auch wenn ich mich fürchte, Gewicht zu verlieren, weil ich nicht weiß, wer ich dann bin, ... Auch wenn ich mich in meinem Innersten unliebenswert vermute und ich mich nicht wertvoll fühle, bis ich nicht endlich etwas unternehme, nehme ich mich voll und ganz an. Auch wenn ich mich nicht ausreichend anerkannt glaube, ...«

Frage: »*In meinen Aufzeichnungen finde ich noch deine große Angst vor Nähe oder Intimität.*«

Frau G.: »*Dazu kamen mir diese Sätze: Auch wenn ich mich fürchte, verletzbar zu sein, und ich mich nicht öffnen möchte und wieder verletzt werden will, ... Auch wenn ich nicht weiß, wie ich mich ohne Übergewicht schützen soll, ... Auch wenn ich mich sicherer mit diesem Schutz fühle, ...*«

Frage: »*Ein Jahr nach der ersten Sitzung kamen die Beziehungsthemen auf, die du mit mir behandeln wolltest?*«

Frau G.: »*Ja, ich bedauere, nicht selbst geklopft zu haben, doch die alte Beziehung wurde dennoch besser. Und ich habe trotz einigem Chaos nicht zugenommen. Das war neu. Es hat mich nicht umgeworfen. Ich konnte auf einer tieferen Ebene lieben, hatte mehr Stärke, weil ich mehr auf mich achtete.*«

Frage: »*Wie hat EFT dir geholfen?*«

Frau G.: »*Ich war motivierter, meine Übungen zu machen. Vorher war ich nie in der Lage, ein Programm durchzuhalten. Heute gehe ich in das Fitnessstudio, wo ich mich angemeldet habe. Das begann mit dem Beginn der Sitzungen vor einem Jahr, ich wollte mich bewegen.*«

Frage: »*Erinnerst du dich daran, welche anderen Themen noch geklopft wurden?*«

Frau G.: »*Neben der Abscheu über mich selbst, ein Versager zu sein, klopfte ich meine Wertlosigkeit, ungeliebt zu sein, ohne etwas dafür getan zu haben und schließlich zu glauben, ich würde niemals irgendwo hingehören. Ich war schockiert, wie viel Heilung erreicht wurde in so kurzer Zeit. Ich nahm die Sätze: Auch wenn ich mich und meinen Körper hasse, ... Auch wenn ich mich für so viel Versagen hasse, ... Auch wenn ich mich in meinem begrenzten Körper gefangen glaube und ihn ablehne, ... Auch wenn ich glaube, fett zu sein, und es hasse, fett*

zu sein, und mein ganzes Wesen dafür hasse, so zu sein, …«
Frage: »*Wir hatten zwischen Februar und Mai insgesamt acht Sitzungen. Dann hörte ich nichts mehr von dir bis Oktober. Du hattest bis dahin 35 kg abgenommen und bist zu einer Sitzung gekommen. Was war los?«*
Frau G.: »*Das Erstaunliche war, dass ich die meiste Zeit keine Fressgelage veranstaltete. Es war nicht, was ich wollte, und ist auch jetzt so. Das erste Mal in meinem Leben bin ich nicht auf Essen fokussiert. Du hast mich dahin gebracht, den Fokus auf meine Gefühle zu richten. Jetzt fragen mich viele, welchen Ernährungsplan oder welche Diät ich einhalte, und sie glauben mir nicht, wenn ich ihnen sage, dass ich meine Ernährung nicht eingeschränkt oder eine Diät gemacht habe im letzten Jahr. Nebenbei sind meine Beschwerden der Fibromyalgie, die vor fünf Jahren festgestellt wurde, ein Horror, also dauerhafte Schmerzen und Energieverluste, auch verschwunden.«* (Das Fibromyalgie-Syndrom, FMS, ist ein Krankheitsbild, das sich durch chronische, generalisierte Schmerzen im Bereich der Muskulatur, des Bindegewebes und der Knochen äußert.)

Verstand: Verzweiflung, aussichtslose Situation

Eva war in einer misslichen Lage. Sie war allein erziehende Mutter mit einem Kind, hatte ihren Arbeitsplatz verloren und alle bisherigen beruflichen Verbindungen abgebrochen, keine Bewerbung führte zum Erfolg, sie lebte von dem immer geringer werdenden Finanzpolster. In der Sitzung kommen wir auf völlig neue Möglichkeiten des Arbeitens, ihre Talente. Auch wenn das Neue verstandesmäßig angenommen und erkannt wird, ist die Verzweiflung dominant.

So entwickelten sich diese Einstimmungssätze:

»Auch wenn ich völlig frustriert bin, dass ich nicht sofort einen akzeptablen Arbeitsplatz finde, …«
»Auch wenn mir nichts richtig gelingt, …«
»Auch wenn ich am liebsten weglaufen möchte, …«
»Auch wenn mir alles zu viel ist, …«
»Auch wenn ich mir nicht vorstellen kann, ein erfülltes Leben in einem neuen Job und mit meinem Kind jemals zu erreichen, …«
»Auch wenn ich kein Vertrauen in die Welt habe, …«

Eva, wie alle anderen Personen, die wegen einer aussichtslosen oder verzweifelten Situation kommen, bieten im Gespräch ständig begrenzende Überzeugungen an, die beim wirklichen Zuhören sofort aufgegriffen und geklopft werden können.

Sind die Werte auf Null gegangen, können zusätzliche Einstimmungssätze gebildet werden, die durch Klopfen des Karatepunkts oder die Augenübung eingeprägt werden, wie etwa:

»Ich beschließe, die Kraft zu haben, alle Schritte durchzuführen, die erforderlich sind.«
»Ich beschließe, dranzubleiben, bis das Ziel erreicht ist.«
»Ich entscheide mich, alles leicht und entspannt anzugehen.«
»Ich entscheide mich für alle neuen Möglichkeiten, die mir das Leben bietet.«
»Auch wenn es mir nicht zusteht, dass ich etwas anderes erfahre als das bisherige, beschließe ich etwas Neues zu beginnen und damit erfolgreich zu sein.«

Wohlstands- und Geldblockaden

Geringer Wohlstand und häufiger Geldmangel ergeben sich oftmals aus negativen Überzeugungen oder Einstellungen bezüglich dieser Themen. Sie können es mit folgenden Einstimmungssätzen probieren und erfahren, wie sich die Einstellungen abmildern, bis sie sich endgültig verabschieden. Führen Sie jeweils eine gesamte Sequenz durch mit den Sätzen:

»Auch wenn ich es noch glaube, beschließe ich loszulassen, dass…«

- reiche Menschen geizig und unehrlich sind
- ich niemals genug Geld haben werde
- ich niemals mehr Geld als nötig haben werde
- ich wahrscheinlich bezüglich Geld immer scheitern werde
- mir Wohlstand nicht zusteht
- meine Freunde neidisch werden und mich nicht mehr mögen, falls ich erfolgreich bin
- Geld nicht spirituell ist
- es mir nicht besser gehen darf als meinen Eltern
- Geld schmutzig ist
- vieles wichtiger als Geld ist
- ich es nicht wert bin

Etwa 90 Prozent der Menschen haben Selbstwert- oder Durchsetzungsblockaden. Diese halten sie davon zurück, das zu leben, was ihre Träume oder Ziele sind. Daher empfehle ich, anschließend die Basissequenz mit folgenden Sätzen durchzuführen:
»Ich bin dankbar und frei, alles zu kreieren mit Geld, das mir zufließen wird.«

»Ich bin dankbar, dass es genügend Geld für alle gibt und es auch für mich gilt, in Wohlstand zu leben.«
»Bei mir kommt mehr Geld rein, als dass es rausgeht, und ich handhabe meinen Wohlstand intelligent.«
»Ich bin dankbar für die Gabe, eine freizügige Person zu sein.«
»Ich bin bezüglich Geld und Wohlstand ein gutes Beispiel für meine Kinder, Freunde, Bekannten ...«
»Ich bin es wert und jetzt bereit, es anzunehmen.«

Seien Sie damit nicht oberflächlich. Wenn Ihnen die Sätze nicht gelingen, Widerstand oder Zweifel aufkommen, verändern Sie die vorgenannten Sätze in *»Auch wenn ich jetzt nicht glaube, ..., liebe und akzeptiere ich mich voll und ganz.«* Führen Sie EFT so lange durch, bis Widerstand und Zweifel auf null sind.

Blockaden in Bezug auf Leistung, Erfolg, Kreativität, Darstellung

Um die Leistungen zu steigern, sei es im Bereich Sport, Darstellung (Künstler, Schauspieler), Kunst (Maler, Musiker, Sänger, Autor etc.), Schulung, Training, Management, Verkauf, Vortragsreden usw., müssen zwei Ebenen angesprochen werden.

1. Die Komfortzone

In der Komfortzone fühlt sich der Mensch sicher und wohl. Über die Komfortzone in Richtung Risikozone zu gehen bedeutet eben Risiko, Ungewissheit. Sie ist der kritische Punkt oder die kritische Zone aller darstellerischen Themen. Unbewusst ist hier eine Zone installiert, von der beispielsweise

Sportler glauben, hineinzugehören. Jegliche Teilerfolge werden wieder in diese Zone zurückführen. Das gilt auch für Autoren, Maler, Manager. Also muss diese Zone bewegt werden, ausgedehnt werden, zu einem höheren Wert geführt werden.

Hier sind einige Lösungssätze für die Komfortzone, die immer neue, weitere Grenzen oder Zonen für die Tätigkeit beinhalten. Klopfe:

»Auch wenn ich mich unbehaglich fühle, vier Tore in einem Spiel zu schießen, und glaube, dass ich dafür Neid ernte, …«
»Auch wenn ich glaube, dass mein Manuskript ein Bestseller werden könnte, obwohl das noch nie passiert ist, …«
»Auch wenn ich momentan noch nicht einhunderttausend Euro im Jahr verdient habe, …«
»Auch wenn ich denke, ein sehr guter Mathematikstudent zu sein, bisher aber nur mittelmäßig war, …«
»Auch wenn ich glaube, als Manager meine Arbeit leicht und freudig machen zu können, mir das aber bisher nicht gelang, …«
»Auch wenn ich nun mal nicht das Charisma von … habe, …«
»Auch wenn es mir die Stimme verschlägt, wenn ich hoch singen will, anstatt frei und kräftig zu singen, …«
»Auch wenn ich Schreibblockaden habe, anstatt dass Ideen frei fließen wie aus einer Quelle, …«

2. Individuelle Einschränkung

Die spezifische Behinderung oder Einschränkung für ein besseres Resultat der Betätigung muss angesprochen werden. Manchmal braucht es dazu das Entdecken ursächlicher spezifischer Ereignisse im Leben eines Menschen.

Viele Menschen führen während ihrer Betätigung endlose Selbstgespräche. Diese sind jetzt laut auszusprechen und zu klopfen, bis ihre Beeinträchtigung auf null gesunken ist. Sie reagieren ständig auf Umweltsignale, die ihre Betätigung bestätigen oder negativ bewerten. Sie vergleichen sich und die jetzige Situation mit vergangenen Situationen und ziehen daraus unbewusst Schlüsse, wie sie jetzt agieren und erfolgreich sein können.

Weitere Blockade-Beispiele:

»Ich verliere die Liebe/Zuneigung von (Vater, Mutter, Bruder, Schwester, Freunden...), wenn ich besser werde, erstklassig werde, Bester werde.«
»Ich kann im Beisein von (Trainer, Vorgesetzter, Professor, Kapazität, Autorität, Meister...) nicht die volle Leistung bringen.«

Oder bestimmte Orte begrenzen die Möglichkeiten, wie ein großes Fußballstadion, ein voll besetzter Konzertsaal, ein voller Konferenzraum oder eine Besprechung oder ein Seminar mit vielen Teilnehmern, vor der Fernseh- oder Filmkamera (life!). Möglichkeiten der Kreativität oder Entfaltung werden begrenzt durch »einfach nur gut sein« statt »hervorragend sein«.

Dazu können diese Fragen gestellt werden:

»Woran erinnert Sie die Konkurrenz in diesem Spiel?«
»Was will Ihr Trainer von Ihnen, was Sie tun könnten?«
»Was hindert Sie daran, die nächste Ebene zu erreichen?«

»Was blockiert Sie, außergewöhnlich zu sein?«
»Was wäre das unbewusste Verbot, das Sie nicht… erreichen lässt?«
»Wann haben Sie Selbstzweifel? Wie lauten sie?«
»Welchen Teil Ihrer Arbeit/Ihrer Darstellung/Ihres Spiels mögen Sie nicht?«
»Welchen Ihrer Träume halten Sie für unerreichbar?«
»Was müssen Sie tun, was Sie nicht mögen?«

Die meisten Begrenzungen von Möglichkeiten bestehen darin, dass Menschen die Welt und ihre Möglichkeiten durch eine eingeschränkte Sichtweise sehen. Es ist eine pauschale, allgemeine Sichtweise, die so klingen kann:

»Ich fühle mich einfach nicht gut mit mir.«
»Meine Mutter hat mich nie gelobt.«
»Mein Vater hat mich oft misshandelt.«
»Ich habe einfach kein Glück in Beziehungen.«
»Ich fühle mich leicht zurückgewiesen.«
»Ich bin leicht verletzbar.«
»Ich schaffe so etwas einfach nicht.«
»Das Leben ist eben so.«
»So ergeht es mir immer.«

Diese Sichtweisen werden in einen typischen Einstimmungssatz gepackt, wie beispielsweise:

»Auch wenn ich glaube, dass ich das nicht schaffe, …«
»Auch wenn ich überzeugt bin, dass ich sowieso nichts Großes schaffe, …«
»Auch wenn ich meine, dass es sowieso zu nichts führt, …«

In diesem emotionalen Dschungel voller Bäume und Lianen, die miteinander verbunden sind, diesem Gewebe von Geboten und Verboten, Verletzungen, Scham etc. liegt die Begrenzung, die Einschränkung. Mit den generellen Aussagen EFT durchzuführen heißt, man versucht einen ganzen Dschungel mit einem Schlag zu roden. Es kann zu kleinen Fortschritten kommen. Sie können vermuten, eine hoffnungslose psychologische Umkehr oder unbekannte Umwelteinflüsse könnten die Blockade sein.

Es ist besser, die generellen Aussagen detaillierter auszuführen, detaillierter in Bezug auf die Person, Situation, Zeit. Dort liegt die Ursache:

»Auch wenn mich mein Kunstlehrer in der 5. Klasse vor allen Mitschülern bloßgestellt hat, …«
»Auch wenn mein erster Trainer mich ausgelacht hat, …«
»Auch wenn meine Eltern nicht zur ersten Theatervorstellung gekommen sind, …«
»Auch wenn ich Weihnachten nicht mein Gedicht vortragen konnte, …«
»Auch wenn meine Mutter sagte, ich würde niemals einen Mann bekommen, …«
»Auch wenn meine Mutter sagte, dass es in unserer Familie keiner schaffen wird, …«
»Auch wenn mein Vater sagte, ich sei zu klein, um …«

Das sind die wirklichen Begrenzer, Blockaden zu »*Ich schaffe so etwas einfach nicht. Das Leben ist eben so. So ergeht es mir immer.*« Sich leicht zurückgewiesen zu fühlen (eine Idee, kein Gefühl!) ist die Oberfläche eines darunter liegenden ungelösten Problems, welches die wirkliche Blockade ist. Ohne diese könnte sich niemand zurückgewiesen fühlen, weil keine ursprüngliche Zurückweisung erfahren wurde, an der die Situation gemessen werden kann.

Jede Blockade muss schrittweise entfernt oder entwertet werden. Oftmals brechen die vielen anderen Blockaden zusammen, wenn einige wenige emotional geladene Erinnerungen befreit werden.
Also: Die Lianen kappen, einige Bäume im Dschungel fällen und der Wald lichtet sich. Es klappt besser oder nur, wenn wir nach spezifischen Situationen fragen.

Nun sollten die verursachenden Personen von Schuld befreit werden, beispielsweise:
»Auch wenn mir mein Vater sagte, ich…, verzeihe ich ihm voll und ganz.«

Dann folgen die Beschlüsse.

»Ich erkläre, dass ich ab jetzt meine Kreativität voll nutzen werde.«
»Ich beschließe, dass ich gut malen werde.«
»Ich erkläre, dass mir das Klavierspielen gelingen wird.«
»Ich erkläre, …«

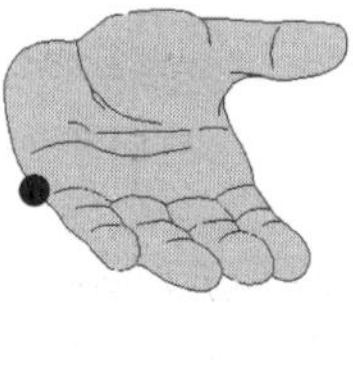

Diese Sätze werden durch das Klopfen des Karatepunkts aufgenommen.

Noch etwas für Sportler:

Vor der Übung, dem Spiel:
»Auch wenn ich bisher nicht ganz erfolgreich war, ...«
»Auch wenn ich bisher die Höhe nicht geschafft habe, ...«
»Auch wenn ich bisher zu langsam war, ...«
»Auch wenn ich bisher den Korb nicht getroffen habe, ...«
»Obwohl ich verspannt bin, ...«
»Obwohl ich nervös bin, ...«

Nach jedem Misserfolg:
»Auch wenn ich bisher nicht ganz erfolgreich war, ...«
»Auch wenn ich bisher die Höhe nicht geschafft habe, ...«
»Auch wenn ich bisher zu langsam war, ...«
»Auch wenn ich bisher den Korb nicht getroffen habe, ...«
»Obwohl ich mich verurteile, dass ich das Tor verursachte, ...«

Während der Veranstaltung, des Spiels:
»Auch wenn ich es jetzt noch nicht geschafft habe, ...«

KÖRPERLICHE BESCHWERDEN

Allergie

Ich mache den Klienten immer klar, dass EFT ihr Problem nicht löst. EFT gleicht das Energiesystem aus, wodurch die Heilkräfte des Körpers ihre Arbeit leichter verrichten können.

Auf dem Weg zur Arbeit bekam Dr. Klein plötzlich rote Flecken, er spürte ein Jucken in den Händen, dann bildeten sich

Schwellungen, die zu quallenartigen Gebilden wurden. Diese breiteten sich über Arme, Brust und Gesicht aus. Sein Gesicht rötete sich wie nach einem Sonnenbrand. Als er seinen Arbeitsplatz, ein Krankenhaus, erreichte, ließ er sich von einer Schwester Antihistamine bringen. Zuvor führte er mit dem Satz »*Auch wenn ich eine allergische Reaktion auf irgendetwas habe, ...*« EFT durch. In nur kurzer Zeit verschwanden die Rötungen und das Jucken. Als die Schwester mit dem Antihistamin kam, nahm er es, und innerhalb von fünf Minuten (obwohl das Mittel eigentlich erst nach 20–30 Minuten Wirkung zeigt!) war er von allen Symptomen befreit.

Eine Frau hatte auf einer Konferenz starke Stresssymptome, die sich als Unterleibsschmerzen – wie Rasierklingen im oberen Unterleib – zeigten. Sie bekam EFT. Der Wert der Schmerzen lag bei 8. Nach zwei Durchgängen mit dem Satz »*Auch wenn ich diese Schmerzen in meinem Bauch habe, ...*« erinnerte sie sich, Schokolade gegessen zu haben, auf die sie allergisch reagiert. Es folgten zwei EFT-Durchgänge mit den Sätzen »*Auch wenn ich Schokolade gegessen habe, ...*« »*Auch wenn ich allergisch bin auf Schokolade, ...*«. Bei einem weiteren Durchgang wurde der Zeigefinger geklopft und der Satz »*Ich verzeihe mir, Schokolade gegessen zu haben, ich tue mein Bestes.*« angewendet. Nach vier Durchgängen EFT war der Stresswert auf null gesunken.

Carl (11 Jahre), der gegen zwei Nahrungsmittelsubstanzen allergisch war, Hühnerfleisch und Zuckersirup, bekam EFT. Die Mutter hatte ihn weitgehend vor diesen Nahrungsmitteln geschützt, aber nun griff die Gruppenzugehörigkeit

mit Partys usw. Coca-Cola war dort ein beliebtes Getränk und zuweilen wurde auch ein Chicken-Mac verzehrt. Carl reagierte darauf mit Kopfschmerzen, Übelkeit, Magenschmerzen und Durchfall. Die Mutter erschien mit dem Jungen in einem beschwerdefreien Zustand.
Nach einem Muskeltest konnte die Intensität der Allergie gegen Hühnerfleisch auf der Skala 0–10 ermittelt werden. Nach mehrmaligem EFT lag der Wert bei null. Die Sitzung wurde mit einem Muskeltest abgeschlossen, um zu sehen, ob dieser Wert auch in Zukunft so bleiben würde. Dies sollte sich auch bestätigen, er blieb bei null. Der Junge war etwas gelangweilt und typisch lakonisch wegen der Behandlung. Aus diesem Grund war ein Sicherheits-Check mit dem Muskeltest – den Sie nicht durchführen müssen – wichtig, um herauszufinden, ob er nicht die Sache hinter sich bringen wollte und eine Lösung vorgab.
Dann nahmen wir die Allergie gegen Coca-Cola in Angriff, auch wenn ich gar nichts von Inhaltsstoffen weiß. Ich las die Inhaltsstoffe auf der Flasche und führte EFT mit jedem einzelnen durch. Ein abschließender Muskeltest zeigte, dass die Allergie noch vorhanden war. Werden vielleicht nicht alle Inhaltsstoffe aufgeführt? So behandelte ich ihn auf »etwas im Coca-Cola«. Danach war der Muskeltest positiv. Nach einem Monat berichtete die Mutter, dass ihr Sohn beschwerdefrei war.

Eine Frau litt seit 10 Jahren an einer Laktose-Allergie. Sie bekam massive Durchfälle und Verdauungsbeschwerden nach dem Genuss von Milch, Milchpulver, Sahne, Käse, Eis, Pizza, Fertigsuppen, Süßspeisen etc. Laktose ist eine Art Zucker, der nur in Milch vorkommt. Die Laktose ist nicht der Grund der Allergie, vielmehr fehlen Verdauungsenzyme, die den Körper daran hindern, die Laktose aufzulösen. Üblicherweise kann diese Allergie nicht mit normalen Mitteln geheilt werden. Die Frau wurde mit EFT behandelt und seltsamerweise bildete der Körper anschließend die fehlenden Enzyme – oder wurden damit latente emotionale Blockaden aufgelöst, die wiederum die Enzyme blockierten? Wir wissen es nicht, aber es hat funktioniert. Hier der Bericht des Ehemanns:

»Wir beschlossen an Weihnachten, EFT durchzuführen. Wir hatten genügend Zeit, da uns niemand besuchen würde, und genügend Zeit, irgendwelche Folgen des Laktosegenusses zu kurieren. Normalerweise verbringt meine Frau danach drei Tage in der Nähe der Toilette.

Wir stellten Eiscreme und eine Schale mit Schokoladepralinen auf den Tisch. Meine Frau sollte sich das zuerst nur ansehen. Ich begann mit EFT und konzentrierte mich auf die Angst vor den Folgen, wenn sie diese Sachen essen würde, bis der Wert von 8 auf 0 sank. Dann fuhr ich etwa fünf Minuten lang mit Angst, Dummheit, körperliches Versagen wegen dieser Lebensmittel fort. Sie bekreuzigte sich und aß eine kleine Portion Eiscreme. Eine Stunde lang passierte nichts. Sie verließ mutig das Haus, um einige Einkäufe zu erledigen. Es geschah weiterhin nichts. Ein halber Tag verging. Abends aß sie eine Fertigsuppe (mit Milchpulver), Eiscreme, Milchschokolade.

Sechs Monate später: Es sind keine Probleme mehr im Zusammenhang mit Laktose aufgetreten.

In den sechs Monten haben wir auch die Sensibilität gegen Konservierungsmittel in Lebensmitteln und gegen Pommes Frites aufgelöst. Und unsere Tochter hat nach fünf Minuten EFT ihre Übelkeit beim Autofahren überwunden.«

Chronische Zahnschmerzen

In den sechs Jahren, in denen sie an heftigen Zahnschmerzen litt, die mehrfach jährlich auftraten, wurde Karin mit Antibiotika behandelt. Es ergab sich keine andere Möglichkeit, als diesen oder jenen Zahn zu ziehen, einer sollte angeblich bereits lose sein, die Wurzel oder eine darunter liegende vermutete Zyste zu entfernen. Aus Eitelkeit wollte Karin den oder die Zähne nicht ziehen lassen.

Als eines Nachts der Schmerz wieder einmal kam, diesmal heftiger denn je, machte sie einen EFT-Durchgang und dachte sich dabei den Satz »*Das wird es auch nicht ändern!*«. Sie schlief nach dem Klopfen ein und wachte am nächsten Morgen schmerzfrei und bester Laune auf. Für fünf Stunden war Karin schmerzfrei; sonst hatte es mit Antibiotika sechs bis zehn Tage gedauert, bis der Schmerz völlig verschwunden war.

Die nächsten drei Monate führte sie täglich EFT mit der Vorstellung durch, dass sich der Zahn wieder heilt und im Kiefer seinen Platz einnimmt, die Wurzel gesund wird etc.

Was nun kam, war überraschend. Karin erinnerte sich daran, wie die Zahnprobleme angefangen hatten. Es war genau die Zeit, in der sie eine Beziehung mit einem Partner begann, dessen Tochter sie ablehnte, was sie bei jeder Gelegenheit und auch vor anderen demonstrierte. Ihren Ärger machte Karin nie Luft, da sie ja Therapeutin war. Also war Ärger die Wurzel aller Beschwerden. Einmal angesprochen, lösten sich die Beziehungskonflikte, die Tochter und sie wurden Freundinnen. Einige Monate später aß sie Nüsse, und auf einmal wurde ihr bewusst, dass dort, wo sie gerade kaute, doch der »lose« Zahn sein sollte – aber von Schmerzen oder »losem Zahn« konnte keine Rede mehr sein.

Zahnarztempfehlung

Mit EFT ist es möglich, die Schmerzen, die Angst vor möglichen Schmerzen und sogar Panik der Patienten in Zahnarztpraxen zu reduzieren. Menschen, die ohne Vollnarkose nicht behandelt werden können, mögen EFT ausprobieren!

Verwachsener Finger

Rita, die erst einige Wochen zuvor EFT gelernt hatte, bekam Besuch von einer Bekannten, die von der Methode gehört hatte. Es ging aber nicht um sie selbst, sondern um ihre kleine Tochter. Diese hatte von Geburt an einen abstehenden Ringfinger mit verwachsenen Gelenken. Ein Arzt hatte empfohlen, den Finger brechen zu lassen und gerade zu schienen, damit er wenigstens nicht mehr abstehen und dem Kind keine Schwierigkeiten mehr bereiten würde. Rita führte mit der Mutter eine Stellvertreter-Sitzung wegen dieses Problems durch. Als die Mutter später nach Hause kam, zeigte ihr das Kind, das nichts von der Sitzung wusste, dass sich der Finger bewegen ließ.

Schmerzende Schulter

Clara ist 48 Jahre alt und leidet seit zwei Jahren an starken Schmerzen im Oberarm. Eine Röntgenaufnahme zeigt, dass das Schultergelenk Abnutzungserscheinungen aufweist.
Nach drei Durchgängen EFT sinkt der Schmerzwert, nach zwei weiteren Durchgängen ist der Schmerz schließlich verschwunden. Auch drei Monate später ist Clara schmerzfrei.

Ekzeme

Eine Frau hatte seit früher Kindheit Ekzeme und litt sehr darunter, da sie mit einem starken Juckreiz verbunden waren. Sie wurde mit allerlei homöopathischen und allopathischen Mitteln behandelt, doch erfolglos. Nach einer EFT-Sitzung verschwand der Juckreiz vollständig und sie fühlte sich »großartig«.
Eine Woche später war immer noch alles gut. Nach einer weiteren Woche kamen alle Symptome zurück. Die Klientin wurde überdies sehr depressiv – wahrscheinlich wegen der Tatsache, dass das Wohlbefinden wieder umgeschlagen hatte und alles wieder von vorne begann. Auch eine homöopathische Behandlung brachte keine Linderung. Nach Tagen des Weinens und heftigen Kratzens der Ekzeme wollte die Klientin eine EFT-Sitzung.
In der Sitzung klärte sich das aktuelle Problem statt des offensichtlichen Problems, es ging nämlich nicht um die Ekzeme, nicht um das Jucken, sondern um den **Drang zu kratzen**! Also wurde EFT mit »*Auch wenn ich diesen übermächtigen Drang zum Kratzen habe,...*« durchgeführt. Der Wert sank von 8 auf 4 und schließlich auf null. Um das Resultat zu testen, wurde die Klientin ermuntert, sich ein wenig zu kratzen, was sie jedoch lachend ablehnte. Sie meinte, schließlich würde sie sich doch damit verletzen und außerdem wäre das Jucken jetzt verschwunden.

Kann EFT Ekzeme kurieren? Wir wissen es nicht und wir wissen auch nicht, warum der Teufelskreis des Juckens, Kratzens, Juckens, Kratzens unterbrochen werden kann, aber es gelingt. Ohne das Jucken wird das Ekzem unbedeutend. Wenn die

Haut nicht mehr durch Kratzen verletzt wird, entzündet sie sich nicht mehr und somit können die Wunden und Striemen sich auf natürliche Weise erholen und abheilen.

Nach einem Monat waren Ekzeme und Jucken nicht mehr aufgetreten. Nach weiteren zwei Monaten war keines der Symptome mehr vorhanden. Ein anderer Klient wurde wegen Ekzemen und Jucken (beides!) mit EFT behandelt und beides verschwand und kam nicht wieder.

Parkinson-Folgen

Ein 83-jähriger Mann war durch Parkinson völlig gelähmt und konnte nicht sprechen. Nachdem ihm die Methode EFT erklärt worden war und er zugestimmt hatte, wurde er mit EFT behandelt. Es begann mit »Auch wenn ich kein Glas festhalten kann, ...« Nach zwei Durchgängen konnte er seine Hand ganz öffnen und das Glas bis zum Kinn führen. Es gelang ihm auch, das Glas zurückzustellen, ohne zu zittern.
Dann erfolgte ein Durchgang, bei dem es um das Halten eines Kugelschreibers ging. Nach zwei Durchgängen und einigen Schreibversuchen konnte er seinen Namen gut leserlich schreiben. Seit Jahren hatte er nur kritzeln können.

Wenn nicht die bei Parkinson übliche Willenssperre oder Unterbrechung der Ausrichtung auftritt, können die Erfolge dauerhaft sein. Dies gilt insbesondere dann, wenn ein Ehepartner oder das Pflegepersonal täglich mit der Person EFT durchführt.

Diabetes

EFT kümmert sich nicht um die konventionellen Behandlungsmethoden bei Diabetes. EFT wendet sich ungelösten Emotionen und Energieblockaden zu. Das ist die Stärke von EFT und die Folgen sind häufig ein starkes Zurückgehen der körperlichen Symptome. Natürlich kann hier nicht von einer Heilmaßnahme geschrieben werden und es gibt auch keine Garantie, dass Diabetes bei jedem auf ähnlich positive Weise beeinflusst werden kann. Hier soll auch noch einmal ausdrücklich darauf hingewiesen werden, nicht ohne Rücksprache mit dem behandelnden Arzt Medikamente abzusetzen oder zu reduzieren. In diesen Fällen trotzdem EFT auszuprobieren, kann sich lohnen, wie folgende Geschichte zeigt.

Der 59-jährige Fritz leidet an Beingeschwüren, fortgeschrittener Diabetes, Schmerzen in den Beinen und im Rücken. Er benötigt dreimal täglich Insulingaben und mehrfach täglich muss der Blutzucker kontrolliert werden, der den Wert 400 hat. Er ist abhängig von süßen Softdrinks, manchmal können es fünf Liter am Tag sein.

Ein EFT-Kursteilnehmer empfahl ihm, die Methode auszuprobieren. Fritz berichtet von seiner Tante, die ihm einschärfte, nicht viel Süßigkeiten zu essen, sonst bekäme er »Zucker« wie seine Oma, was vererbbar wäre. Die Saat war gesät. Das Verlangen nach Zucker wurde stärker. Solange er bei seinen Eltern lebte, konnten sie seinen Zuckerkonsum einschränken, aber als er nicht mehr zu Hause wohnte, inzwischen erwachsen und verheiratet, konnte er seinem Verlangen viel öfter nachgeben.

Der EFT-Berater konzentrierte sich auf die Themen

1. Der Tante vergeben, die Ursache der Geschichte zu sein
2. Verlangen nach Süßem
3. Sich selbst seine Sucht vergeben
4. Energiefluss im Pankreas wiederherstellen

»Auch wenn meine Tante mir sagte, ich würde »Zucker« bekommen, verzeihe ich ihr voll und ganz.«
Mit »*Verzeihe meiner Tante*« als Kurzform wurde EFT angewendet. Der »Böse-Tante-Wert« sank zwar von 10 auf 5, ließ sich aber nicht weiter reduzieren.
Als nächster Einstimmungssatz wurde *»Auch wenn ich mich über meine Tante ärgere, verzeihe ich ihr voll und ganz.«* ausprobiert. Die Kurzform war ein lautes Aussprechen von »*Ärger*«. Jetzt sank der Wert auf null. Das Thema war in sechs Minuten aufgelöst.

Nun wandten wir uns dem Verlangen zu.

Fritz bekam ein Glas seines bevorzugten Softdrinks und ein Gebäck mit dicker Schokoladencreme. Sein Verlangen stieg auf 10 und mehr. Der dazu passende Einstimmungssatz lautete: *»Auch wenn ich Verlangen nach diesen verführerischen Sachen habe,…«* und der Kurzsatz dazu: *»Verführerische Sachen, vergebe mir selbst.«* Der Wert fiel auf 7. Der Kurzsatz wurde in *»Restliches Verlangen«* geändert. Aber auch das brachte nicht den gewünschten Erfolg. Erst der nächste Versuch mit *»Auch wenn ich nach diesen Süßigkeiten verlange, respektiere ich mich«* und der Kurzform *»Süßigkeiten – respektiere mich«* brachte den Durchbruch. Der Wert des Verlangens ging auf null. Fritz hatte kein

Interesse mehr an den angebotenen Verführungen. Dieser Schritt milderte auch deutlich seine Zuckersucht und damit waren die Themen 2 und 3 gelöst.

Schließlich blieb noch die Bauchspeicheldrüse (Pankreas). *»Auch wenn meine Bauchspeicheldrüse so faul ist,...«* Die Kurzform dazu war *»Faule Bauchspeicheldrüse«*. Nach drei Basissequenzen wurde die EFT-Sitzung abgeschlossen, ohne einen Wert ermitteln zu können (wer kann schon in die Bauchspeicheldrüse sehen?).

Insgesamt ist Fritz wesentlich ruhiger und entspannter mit sich selbst. Sein Bedürfnis nach vielem und langem Schwatzen hatte sich gelegt. Mit seiner Tante war er »im Reinen«. Da er sich selbst verziehen hatte und sich respektierte, konnte er jegliche Süßwaren aus seinem Speiseplan streichen. Ab und zu trinkt er eine kleine Flasche Softdrink oder genießt gelegentlich Süßigkeiten bei Feiern und speziellen Gelegenheiten.

Was die »faule« Bauchspeicheldrüse angeht: Die Insulingaben verringerten sich drastisch von drei Spritzen am Tag auf etwa eine Spritze pro Woche. Sein Blutzuckerwert sank von 400 auf 109. Sein Beingeschwür heilte und sein Blutdruck in den Beinen war angenehm gestiegen. Alle Bein- und Rückenschmerzen waren verschwunden, sodass er schmerzlos nachts durchschlafen konnte. Sein Energiepegel war stark angestiegen. Was gar nicht angesprochen wurde, aber ein angenehmer Nebeneffekt war – die Nikotinsucht wurde schwächer, sein Zigarettenkonsum ging von 20 Packungen auf 3 Packungen pro Woche zurück.

Schlaganfallfolgen

Achten Sie bei diesem Beispiel auf die spezifische Wortwahl und elegante Vorgehensweise. Dies ist etwas für die erfahrenen EFT-Anwender bzw. Profis.

Ludwig hatte einen schweren Schlaganfall, der ihn linksseitig lähmte – Arm und Hände konnten kaum bewegt werden. Ludwig leidet außerdem an Diabetes, Atembeschwerden sowie Herzbeschwerden und seine Leberfunktion ist auf 30 Prozent reduziert. Sein Verstand ist noch hellwach. Nach einigen Therapiemaßnahmen stellten sich keine nennenswerten Besserungen ein. Er besuchte eine befreundete EFT-Therapeutin, die ihm bei dieser Gelegenheit anbot, EFT auszuprobieren.

Ludwig konnte kaum atmen und sprechen. Sein Atem, so gab er an, hatte gerade einmal den Wert 3 statt 10. So sprach die Therapeutin für ihn den Einstimmungssatz und wendete die EFT-Kurzform (Einstimmungssatz, JB, SB, UA) an: »*Auch wenn ich nicht tief einatmen kann,...*«

Danach wurde nach einer neuen Einschätzung folgender Satz gebildet: »*Obwohl ich nicht tief einatmen kann, beschließe ich, meine Lungen öffnen zu können. Ich bitte die Lungen, beweglich zu werden und sich völlig auszudehnen.*« Damit wurde eine Basissequenz durchgeführt.

Der nächste Einstimmungssatz lautete: »*Auch wenn ich nicht tief einatmen kann, bitte ich meine roten Blutkörperchen, Mineralien zu absorbieren und Sauerstoff in jeden Bereich meines Körpers zu bringen. Ich bitte die roten Blutkörperchen, meinen Körper überall prickeln zu lassen.«* Der Satz wurde nur auf die Einstimmungszone einmassiert und anschließend eine Kurzform geklopft.

Ludwig wurde gebeten, einen tiefen Atemzug zu tun. Sein Atem ging wesentlich tiefer – er erreichte diesmal den Wert 8. Sein Erstaunen war groß, schließlich hatte er seit Jahren nicht mehr so tief eingeatmet. Seine Gesichtsfarbe war nicht mehr blass, er sah wesentlich lebendiger aus.

Nun galt es, sich mit dem gelähmten Arm zu beschäftigen. Ludwig konnte ihn nur leicht und angewinkelt am Körper heben. Seine Hand und die Finger waren zwar auch gelähmt, aber es war besser, in Minischritten vorzugehen, denn der Körper kooperiert gern, wenn er nicht überfordert wird!
»Auch wenn ich meinen Arm nicht heben kann, ...« Ja, es ist so wichtig, immer wieder als Erstes auszusprechen, dass man die Sache annimmt. Eine Basissequenz wurde geklopft.
Dann folgten Anweisungen an das zentrale Nervensystem: *»Auch wenn ich meinen Arm nicht heben kann, bitte ich den Teil des Gehirns, der für meine Armfunktionen zuständig ist, diese wiederherzustellen und sich selbst zu regenerieren, und ich bitte meine roten Blutkörperchen, zusätzlichen Sauerstoff zu diesen Gehirnzellen zu bringen, und ich bitte um vollständige Wiederherstellung der Erinnerungen dieser Zellen.«*
Das ist ein wirklich langer Satz, doch es funktionierte. Es wurde dann noch ein Satz über die Dauerhaftigkeit der Regeneration geklopft und die Nerven und all die anderen Körperbereiche wurden um Hilfestellung bei der Genesung gebeten.

Ludwig konnte nach diesen Durchgängen seinen Arm deutlich höher heben und sogar leichter vom Körper seitlich wegbewegen. Diese Sequenz mit dem Arm dauerte 14 Minuten.

Durch weitere EFT-Sitzungen verbesserte sich im Laufe der Zeit Ludwigs Atmung, sein Arm wurde immer beweglicher. Es gab keinen Rückschritt. Sein psychischer Zustand hob sich dementsprechend – sein munteres Wesen kam wieder.

PSYCHISCHE BESCHWERDEN

Süchte

Sucht ist die Abhängigkeit von einer Substanz oder einer Verhaltensweise, die das Leben eines Menschen beeinträchtigt oder gar schädigt. Sucht ist eine Angstkrise.
Der Antrieb für die Abhängigkeit liegt in der beruhigenden Wirkung, es wird eine Angst verdeckt. Die Angst entstand durch ein meist erschreckendes, traumatisierendes, gefürchtetes Erleben. Die Angst wird umso erschreckender, wenn sie scheinbar grundlos auftritt.

Eine nikotinsüchtige Frau, Erna, die nachts ihren Schlaf unterbrechen musste, um zu rauchen, antwortete nach einigen EFT-Durchgängen auf die Frage, was denn geschehen könnte, wenn sie keine Zigarette mehr bekäme, mit dem Satz: »*Ich habe panische Angst, was passiert, wenn ich keine Zigaretten habe!*«
So wurde die Panik mit EFT behandelt, bis diese einen Wert von null erreicht hatte. Im Laufe des Kurses, den sie besuchte, gab sie das Rauchen auf. Es stellte sich heraus, dass das starke

Rauchen und vor allem das nächtliche Rauchen angefangen hatten, als sie von ihrem damaligen Partner gedemütigt worden war. Nun wurde die Demütigung mit EFT neutralisiert. Ein Verzeihenssatz für den damaligen Partner und einer für Erna selbst, dass sie so lange die Sache mit sich herumgetragen hatte, wurden gebildet.

Der von Angst beherrschte Mensch fühlt sich nicht nur *schlecht* wegen seiner Angst, sondern auch *dumm* und *hilflos* wegen seines schlechten Gefühls, da er um die Sinnlosigkeit dieses Gefühls weiß. Wenn der Mensch ein bestimmtes Verhalten an den Tag legt oder eine Substanz nimmt, um die Wahrnehmung des Angstzustandes zu blockieren, fühlt er sich erleichtert.

Diese Erleichterung hinterlässt einen tiefen Eindruck. Das ist der erste Schritt zur Abhängigkeit, der völlig unbewusst abläuft. Der Weg in die Abhängigkeit führt beim Süchtigen zu Eigensabotage. In diesem Zustand ist die Überwindung der Abhängigkeit sehr schwierig.

Bestimmte Drogen und Medikamente scheinen das Angstzentrum im Gehirn zu blockieren, manches Verhalten wie Daumenlutschen scheint beruhigend zu wirken – die Menschen fühlen sich getröstet, die Angst ist blockiert.

Viele Süchtige werden von ihren Freunden oder Familien geschützt, damit die Sucht nicht offenbart wird, damit man sich um den Süchtigen kümmern kann, man – die stolzen Nichtsüchtigen, die sich über den Süchtigen erheben, ihn still verurteilen, aber nie wirklich helfen.

Jemand, der »süchtig« ist nach Büchern oder Sport oder Musik, hat allerdings kein Problem, sondern eine starke

Zuneigung zu diesen Dingen. Die Grenze zur Verdrängung von Alleinsein, Einsamkeit oder dem »süchtigen« Verlangen nach Anerkennung oder wiederholten Adrenalinschüben ist beim genauen Hinschauen erkennbar.

Kranken, denen man Heroin wegen der Schmerzen gegeben hat, werden nicht abhängig, wenn das Heroin nach erfolgreicher Behandlung abgesetzt wurde.
Soldaten nahmen in Vietnam viele verschiedene Drogen ein. Nach dem Krieg gaben viele die Drogen auf, der Kampf war vorbei. Ein geringer Prozentsatz blieb süchtig, sie litten unter chronischer Angst. Sie konnten mit EFT erfolgreich behandelt werden.
Nikotin erzeugt eine psychische und starke körperliche Abhängigkeit. Der Entzug ist körperlich nach drei Tagen überwunden. Manche Raucher leiden aber noch nach mehr als einem Jahr an Entzugserscheinungen. Da diese nicht körperlich sein können, befinden sie sich psychisch in einer Angstkrise. EFT ist hier sowohl auf körperlicher als auch auf psychischer Ebene wirksam.

Dass Sucht durch Angst oder Stressbelastung (innerer Stress) verursacht wird, zeigt die nicht vorhandene Aspirinabhängigkeit. Jeder kann wegen Schmerzen Aspirin nehmen und das Mittel absetzen, wenn der Schmerz nachlässt. Sucht ist abhängig von einer dysfunktionalen Ursprungsfamilie, prägenden Vorbildern, der Fähigkeit, mit Angst und Stress umzugehen. Nach einem erfolgreichen Entzug kann jede schwere Belastung, jedes aufrüttelnde Ereignis den Wunsch nach dem favorisierten Beruhigungsmittel hervorrufen.

EFT behandelt nicht nur die körperlichen Entzugssymptome, sondern vor allem die dann auftretende Angst, den Stress, die verurteilenden Glaubenssätze, die aufkommende Scham – die mit der Sucht blockiert wurden. Die Gier oder der Drang zum Beruhigungsmittel / Suchtmittel kann durch EFT *sofort und leicht* gestoppt werden. Das Auflösen der psychologischen Umkehr, also der Ursache der Sucht, kann längere Zeit und *regelmäßige* Behandlung (täglich) erfordern. Da jeder Mensch unterschiedlich mit Stress und Belastungen (akuten und vergangenen – die emotional noch geladen sind) umgehen kann, variiert die Behandlungshäufigkeit.

Sollte die Sucht oder Abhängigkeit vor der Sitzung bekannt sein, soll die Person das Suchtmittel mitbringen. Oftmals handelt es sich um Suchtkomplexe wie Zucker, Schokolade, Kaffee etc.

Alkoholabhängigkeit

Emma war keine Alkoholikerin. Sie konnte lange Zeit ohne soziales Trinken oder Alleintrinken leben. Aber bei einer bestimmten Biersorte wurde sie schwach, dann konnte sie nicht mehr aufhören, bis sie völlig betrunken war. Emma wollte diese Sucht loswerden, aber auf das gelegentliche maßvolle Trinken eines Bieres nicht verzichten.
Die folgende »Behandlung« mag nicht auf alle Fälle von Abhängigkeit und Sucht zutreffen, da normalerweise die Sucht gänzlich aufgelöst werden soll.
Eine Flasche diesen bestimmten Bieres wurde vor Emma hingestellt und sofort war ihr Verlangen bei dem höchsten Wert 10.

Der Satz lautete:
»Auch wenn ich ein Verlangen nach diesem (Marke nennen) habe, ...«
Dann wurde mit dem Satz »*Verlangen nach (Marke des Bieres)*« geklopft.
Das Verlangen sank auf den Wert 5.
Nach dem nächsten Durchgang mit »*Verbleibendes Verlangen*« ging das Verlangen auf 2 zurück.
Die Flasche wurde geöffnet, das Verlangen stieg sofort wieder auf 10 an.
Nach zwei weiteren Durchgängen sank das Verlangen auf 4. Auch ein kleiner Schluck Bier erhöhte nicht den Wert, ließ ihn aber auch nicht fallen.

Die Klientin konnte dann selbst einen Zusammenhang herstellen: »*Es ist nicht das Bier, dieses Bier, sondern die glückliche Zeit, die ich damit verbinde!*«
So wurde mit dem Satz »*Auch wenn ich diese Zeiten liebte und sie zurückhaben will und dieses Bier mich daran erinnert, ...*« geklopft.
»*Diese Zeiten waren wunderbar und so war das Bier, aber ich brauche es jetzt nicht.*«
»*Ich kann mich immer noch daran erinnern und mich an dieser Zeit erfreuen ohne dieses Bier.*«
»*In meinem Kopf läuft der Film ›Diese Paulaner-Pils-Tage' und ich erinnere mich gut daran; sie waren wunderbar.*«
»*Auch wenn ich denke, dieses Bier zu brauchen, um mich in diese Zeiten zu versetzen, ...*«
Das Verlangen ging auf 2, auch nach einem Probieren des Bieres veränderte sich der Wert nicht. Emma meinte, es ginge auch, ohne das Bier zu probieren, und außerdem schmecke es

seltsam, doch wollte sie es immer noch ein bisschen, so, wie die glücklichen Zeiten.

Es wurde weiter geklopft, aber nun mit einer Wahlmöglichkeit im Satz:
»Auch wenn ich glaube, dieses Bier zu brauchen, um glückliche Zeiten wieder zu erleben, wähle ich diese ohne dieses Bier und ich werde erstaunt und überzeugt sein, wie leicht es ist, die Zeiten (jetzt wurde der Filmtitel in ›Glücksmomente' umbenannt) jederzeit, wenn ich es will, wieder zu erleben. Es ist erstaunlich, dass ich ***diese*** *Glücksmomente nicht mehr brauche. Ich bin glücklich, wie ich jetzt bin.«*

Das Verlangen ging auf null. Während der nächsten Tage des Seminars trank Emma hin und wieder eine andere Sorte Bier. Auch wenn sie dazu ermuntert wurde, wollte sie ihre frühere favorisierte Sorte nicht mehr – sie schmecke nicht besser als alle anderen Sorten und wirklich etwas seltsam.

Schokoladensucht

Die Klientin braucht so dringend – vor allem abends – Schokolade, dass sie nervös wird, wenn keine griffbereit herumliegt, und hektisch die Wohnung danach durchsucht. Wenn sie keine findet, schickt sie ihre Kinder zu Nachbarn, um dort welche zu bekommen. Sie hat seit Stunden keine Schokolade gegessen – sie ist in einem EFT-Kurs. Sie wird gefragt, wie stark ihr Verlangen jetzt nach Schokolade ist. Ihr Wert liegt bei 11. Nach dem ersten Durchgang mit »*Auch wenn ich ein starkes Verlangen nach Schokolade habe,...*« geht der Wert auf 6, dann auf 3, schließlich auf null zurück. Die mitgebrachte Schokolade liegt auf einem Tisch etwas entfernt von ihr. Auf die Frage, in welchem Maße das Verlangen beim Anblick der Schokolade steige, antwortet sie, dass keines aufkomme. Auch nicht, als sie die Schokolade in die Hand nimmt, auch nicht, als sie daran riecht, auch nicht, als sie ein Stück davon in den Mund nimmt (langsam, bedächtig lutschend, ohne Gier).

Am übernächsten Tag berichtet sie, kein übermächtiges Verlangen mehr gehabt zu haben. Ein kleines Stück hätte gereicht. Auch eine Woche später ist es so. Die Schokoladensucht ist zu einem gelegentlichen Schokoladengenuss geworden, der kontrolliert geschieht. Hier und da mal ein Stück Schokolade. Wenn noch einmal die Schuld auftaucht, klopft sie den Gamutpunkt und sie ist frei davon.

Rauchen

Hier ein beispielhaftes Verfahren für EFT für Raucher.

Dem Klienten wird nicht vorgegeben, dass er bei der ersten Sitzung seine Sucht aufgeben muss / soll. Damit kann ein Vor-Stress vermieden werden und sie dürfen ihre Abhängigkeit behalten. In dem folgenden Verfahren geht es ums Rauchen.

Sitzung 1:

Feststellung der Rauchgewohnheiten und -geschichte:
»Wann haben Sie mit dem Rauchen angefangen?«
»Wer sonst raucht in Ihrer Familie, Beziehung?«

»Haben Sie vorher schon einmal das Rauchen aufgegeben?«
»Was hat geklappt und warum haben Sie wieder damit angefangen?«
»Was sagt Ihnen, dass Sie jetzt dazu bereit sind?«
»Warum ist dies jetzt der richtige Zeitpunkt?«
»Was ist der Gewinn/das Positive, wenn Sie jetzt mit dem Rauchen aufhören?«
»Was ist der Nachteil/die Kehrseite/das Unangenehme, wenn Sie jetzt mit dem Rauchen aufhören?« (Wichtigste Frage – **alle** Antworten, die unangenehme Gefühle und Ideen enthalten, werden geklopft.)

Momentanes Verlangen: Die Person nimmt eine Zigarette und riecht daran; die Einschätzung des momentanen Verlangens, Süchtigseins wird ermittelt. Dann wird geklopft, um das momentane Verlangen zu reduzieren: *»Auch wenn ich momentan das Verlangen habe zu rauchen, …«*
(Alternative: Später nimmt die Person die Zigarette in den Mund. Einschätzung ermitteln und klopfen. Klient zündet eine Zigarette an, ohne zu rauchen, nur anzünden und riechen. Einschätzung ermitteln und klopfen.)

Die Person wird aufgefordert, laut zu sagen: *»Ich gebe das Rauchen auf.«* Anschließend wird die Einschätzung des Unangenehmen, der Angst, der Bedenken ermittelt und die geäußerten Themen werden geklopft.

Frage an die Person: *»Sagen Sie mir die drei bevorzugten Zeiten am Tag, in denen Sie rauchen.«* Beispielsweise: Die Zigarette am Morgen mit dem ersten Kaffee. Die Zigarette auf der Toilette. Die Zigarette auf dem Weg zum Bus.

Der Klient stellt sich jede Szene, die angeboten wurde, vor und es wird geklopft: »*Stellen Sie sich die Szene (...) vor und sagen Sie mir, wie sehr Sie rauchen möchten, wenn Sie sich das vorstellen?*«
Die Einschätzung wird ermittelt und jede Szene geklopft: »*Auch wenn ich rauchen möchte, wenn ich morgens einen Kaffee trinke, ... Auch wenn ich das Verlangen habe, nach dem Essen zu rauchen, ...*«

Dann wird die Szene verändert und der Test umgekehrt durchgeführt. Die Person stellt sich vor, dass es nicht möglich ist, nach dem Essen zu rauchen. Welche Einschätzung der Angst, Furcht, Befürchtung, Panik als Folge der Entzugserscheinungen anstelle des Verlangens liegt vor? Diese Einschätzung wird geklopft. »*Auch wenn ich in Panik gerate, wenn ich mir vorstelle, nicht rauchen zu können, ...*«

Dann wird der Klient nach der Idee, der theoretischen Erklärung, dem Verdacht über das ursprüngliche Gefühl, den eigentlichen Zustand befragt, der dazu führte, zu einer Zigarette zu greifen. »A*uch wenn ich rauche, wenn ich mich langweile/erregt bin/nervös bin/mich ängstige, ...*«

Nun wird gefragt, was jetzt an Gedanken, Vorstellungen, Gefühlen auftaucht, wie beispielsweise:

- Traurigkeit über den Verlust des Rauchens – löst anderen Kummer aus.
- Angst und Befürchtung wegen der Entzugserscheinungen und wie man damit umgehen könnte.
- Unbehagen, die »letzte Bastion« des Rebellierens aufzugeben.

– Unbehagen, sich einzugestehen, das Rauchen nie wirklich aufgeben gewollt zu haben.
– Unbehagen, nicht genügend Stärke gehabt zu haben, es von selbst aufzugeben.

Empfehlung: Alle diese Themen klopfen. Sich-selbst-Verzeihen klopfen.

Sitzung 2:

Viele Klienten haben während der folgenden Woche oder nach der Sitzung das Rauchen aufgegeben. Die Person wird darüber befragt, wie sie die Herauforderungen, die Überraschungen, das Geschehen ums Rauchen seit der 1. Sitzung einschätzt:

»Haben Sie weniger geraucht, gleich viel, mehr oder ganz aufgehört?«
»Wie stark waren die Angst, die Unruhe, die Verlustgefühle, der Stress, Verletzlichkeit, Unbehagen, alle möglichen Gefühle, die dabei auftraten?« Für alle Themen klopfen.
»Möchten Sie jetzt eine Zigarette?« – Klopfen.

Grundsätzlich gibt die Zeit zwischen zwei Sitzungen dem Klienten die Möglichkeit, Verletzlichkeiten/Schutzbedürftigkeiten/Anfälligkeiten zu bemerken und zu erleben, was zum Rückfall führt. Oftmals tauchen diese Themen auf, die geklopft werden:
»Auch wenn ich rauche, um mich zu belohnen, ...«
»Auch wenn ich rauche, um meine Gefühle zu stoppen, ...«
»Auch wenn ich rauche, um mich wohl zu fühlen, ...«

An diesem Punkt wird die Person gebeten, sich zu entscheiden, ob sie jetzt oder nach einer weiteren Woche des Experimentierens mit dem Rauchen aufhören möchte. Ihr ist zu sagen, dass sie sich sicher fühlen kann, wenn sie das Rauchen aufgibt, und genügend Maßnahmen zur Verfügung hat, um irgendwelches Verlangen oder Entzugserscheinungen zu bewältigen.

Sitzung 3:

Jetzt wird das Thema grundsätzlich ausgeräumt. Was haben Sie in der letzten Woche (seit der 2. Sitzung) bemerkt? Gab es irgendwelche schwierigen Zustände oder Situationen?

»Auch wenn ich rauchen möchte, wenn die Kinder laut schreien, …«
»Auch wenn ich befürchte, zuzunehmen, wenn ich mit dem Rauchen aufhöre, …«
»Auch wenn ich meine rauchenden Freunde vermisse, wenn ich nicht mehr rauche, …«
»Auch wenn ich mich ausgeschlossen fühle, wenn ich nicht mehr rauche, …«
»Auch wenn ich rauchen möchte, wenn ich allein/einsam bin, …«
»Auch wenn ich immer noch traurig werde über die Trennung von … und dann rauchen möchte, …«

Jetzt tauchen Verletzungen, Erniedrigungen oder Traumata auf, die mit dem Rauchen überdeckt werden.
Diese werden mit EFT in der üblichen Weise behandelt (für Trauma siehe später spezielle Vorgehensweise).

Ängste

Psychologische Angst im Gegensatz zur natürlichen Angst zur Erhaltung des Lebens ist immer ein Akt der Unterdrückung von etwas, was nicht erlebt, gefühlt werden will (zu mächtig, zu groß, zu schmerzhaft, zu erschreckend, zu beladen mit Moral, Scham) und vielleicht den Menschen außer Kontrolle bringen kann. Je länger die Unterdrückung gehandhabt wurde, desto mächtiger und normaler ist sie geworden. So normal, dass die Auswirkungen (Angstzustände vor der Angst, Panik, Phobie) zum gewohnten Leben werden.

Angst vor tiefem Wasser

Hans (50 Jahre) hat Angst vor tiefem Wasser. Er kann nicht schwimmen, nur bis zur Hüfte ins Wasser gehen. Dann schlägt das Herz schon wie wild, der Blutdruck geht hoch, es kommt zu Atemproblemen. Schon allein bei dem Gedanken, ins Wasser zu gehen, kommt es augenblicklich zu einer Energieblockade, die die Symptome auslöst (wesentlich stärker sind die Symptome, wenn er wirklich ins Wasser geht). Das System errichtet eine Blockade, so, als würde sich alles zusammenziehen.

Besonders in seiner Kindheit litt er darunter, wenn andere Kinder in Jugendlagern schwimmen gingen, und später in der Pubertät, wenn er nicht mit den Mädchen im Schwimmbad »spielen« konnte. Alle seine Brüder können schwimmen und auch mit ihnen kann er nichts unternehmen, was mit tiefem Wasser zu tun hat.

Hans wird nach dem Grad der Angst gefragt, jetzt, wo er im Stuhl sitzt und darüber *nachdenkt*, wie es wäre, ins Wasser zu gehen, und zwar nur bis zu den Knien. Wert 5.

Nun folgt die Frage nach einem Erlebnis im Wasser. Als Hans einmal in einen See gegangen war, hatten ihn die anderen Jungen ins Wasser gestoßen und mit der Hand nach unten gedrückt (sie wussten von seiner Angst). Er geriet in Panik, glaubte, sterben zu müssen, und als er sich wieder erhob, ging ihm das Wasser jedoch nur bis zur Brust. Im Moment des Erzählens hat der Mann deutliche Angst. Wert 5. Der Behandelnde fragt, wie es ist, bis zur Brust im Wasser zu stehen. Wert 10 – er glaubt, dann zu sterben.

Nach drei (!) Durchgängen EFT mit *»Auch wenn ich Angst vor tiefem Wasser habe, …«* kann er über sein Kindheitserlebnis ohne Angst reden. Der Wert sinkt auf null, es ist keine emotionale Beteiligung vorhanden. Auch als der Behandelnde seinen Kopf nach unten drückt, kommt keine Angst. Der Wert bleibt bei null, keine emotionale Beteiligung. Er hat seine Angst völlig verloren.

Erst danach gehen Klient und EFT-Behandelnder zu einem Swimmingpool. Der Ort war auf Grund der vorher bekannten Symptomatik ausgewählt worden. Langsam geht Hans ins Wasser, hält sich noch am Rand fest. Keine Angst. Er lässt den Rand los und geht im Pool umher. Keine Angst.
Als er gebeten wird, unterzutauchen, schafft er es nur bis zum Hals. Hier kommt wieder Angst auf. Angstwert 3. Also wird noch einmal geklopft, diesmal im Wasser. *»Auch wenn da noch etwas Angst vor Wasser ist, …«*

Beim nächsten Tauchen geht es bis zum Kinn. Angstwert 3. Jetzt folgt eine spezifischere Beschreibung, die dann geklopft wird (ab jetzt wird eine Kurzform geklopft): »*Auch wenn ich etwas Angst davor habe, meinen Kopf unter Wasser zu tauchen, …*« Danach taucht er bis zum Hals ein.
»*Der Hals schließt sich*«, sagt er. Also ist noch etwas Angst da, das System blockiert. Nun wird die Blockade im Hals mit EFT behandelt. »*Auch wenn ich Angst habe, wenn Wasser über meinem Kinn ist, …*«

Nach zwei weiteren Durchgängen, inzwischen steht er bis zur Unterlippe im Wasser, ist der Wert auf null gesunken. Aber tiefer geht es nicht. Jetzt kommt noch ein spezieller Satz mit einem Durchgang: »*Auch wenn ich meine, zu ersticken, …!*« Danach taucht er mehrmals immer tiefer unter, bis das Wasser über seinem Kopf ist. Keine Panik, keine emotionale Beteiligung. Er lässt sich sogar den Kopf unter Wasser drücken. Er will gar nicht mehr aus dem Swimmingpool. Er taucht und taucht und lässt sich auf den Grund sinken und strampelt herum wie ein kleiner Junge und lacht dabei.

Insgesamt dauerte der Prozess 45 Minuten. 18 Wochen später ruft er an und erzählt, dass er allein (!) in einem Hotelpool war und keine Ängste mehr aufgetaucht sind.

Angstneurose

Die Angstneurose, deren Ursache unbewusst ist, ist zunächst nicht objekt- oder situationsgebunden; oft handelt es sich dabei auch um anfallartig einsetzende Angstanfälle, um Panikattacken mit Vermeidungsverhalten. Häufig ist sie begleitet von verschiedensten Somatisierungen = Körperreaktionen. Die Lösung für die Person lautet: Alles, was Angst und Phobie stimuliert, muss vermieden werden. Die Falle ist die wiederholte Erfahrung der Angstminderung durch Vermeidung der Situation oder des Ortes, was zur Verstärkung der Vermeidungssituation führt. Panikattacken können auch ein sexueller Ersatzablauf sein oder ein Ersatz für Wutattacken.

EFT wird angewendet für:

1. die körperlichen Symptome (Zittern, Schweißausbrüche, Herzklopfen, Erstickungsgefühle, Schwindel). Wenn vorgenannte Symptome auftauchen: Erst diese behandeln, bis sie sich aufgelöst haben! Dann zur Angst übergehen.
2. Danach können die jeweiligen Themen mit EFT und spezifischeren Sätzen behandelt werden: Angst zu sterben, Angst vor Kontrollverlust, Angst vor Wahnsinn.
3. Schließlich erfolgt EFT mit den Objekten oder den Situationen, in den die Angst oder Panik auftritt.

Bei plötzlich auftretender Panik oder genereller Angst ist EFT wirksam, wenn folgendes Verfahren angewendet wird:

1. Basissequenz

dann nur

2. Jochbein JB
3. Unter Arm UA
4. Schlüsselbein SB

2. – 4. können mit der Kurzform des Einstimmungssatzes so lange geklopft werden, bis eine deutlich erkennbare Erleichterung wahrgenommen wird bzw. die Person dies signalisiert.

Phobie

Angstphobien sind Fehlentwicklungen auf Grund kindlicher Erfahrungen. Die Fehlentwicklungen stehen insbesondere in Zusammenhang mit Verlustängsten. Ursachen sind Verunsicherung und Frustration in der frühen Kindheit. Kinder trauten sich z. B. nicht zu schreien.
Objekt-Situations-Phobien sind die Folge konflikthaft erlebter Gefühle und Impulse gegen eine Person. Diese werden auf andere Personen, Gegenstände u. a. verschoben. Beispiel: Die Phobie ist der Vorgang, eine tiefe Lebens-Existenz-Angst mit beispielsweise einer Spinne oder Schlange zu verknüpfen, denn dieser kann ausgewichen werden. Oder Triebspannung und Schuld werden abgewehrt und die Angst auf eine Umweltgegebenheit verlagert. Dieser Vorgang leistet Schutz vor Triebansprüchen. Beispiel: Jemand begibt sich nie in die Nähe eines Ortes, an dem ihm Sexualität begegnen, er damit konfrontiert werden könnte, und muss dunkle Plätze meiden.

Bei Phobien sind spezifische Fragen zu stellen, man sollte nicht bei allgemeinen Aussagen bleiben. Was genau bei der Schlange, der Maus, der Ratte, dem Frosch macht Angst? Es kann das Züngeln der Schlange sein, der lange dünne Schwanz der Maus, die großen Zähne der Ratte, die Glitschigkeit des Frosches. Damit sind Sie näher am Angst auslösenden Thema.

Eine vierzigjährige Frau hatte eine starke Mäusephobie. Als sie dies in einem Kurs von Gary Craig äußerte, ließ er sich eine Maus in einem Käfig besorgen. Im weiteren Verlauf des Kurses wurde die Frau wieder auf das Thema angesprochen

und die Phobie mit EFT behandelt. Nach bereits vier Durchgängen war der Wert auf 2 gefallen.
Erst jetzt wurde erwähnt, dass sich im Raum eine Maus in einem Käfig befand. Das löste zwar Überraschung, aber keine Angst aus. Der Käfig wurde näher gebracht. Ein leichtes Unwohlsein wurde geäußert, das mit EFT aufgelöst wurde. Schließlich wurde der Käfig mit der Maus auf den Tisch gestellt, hinter dem die Frau stand. Die Frau verspürte ein wenig Angst, die wiederum mit EFT aufgelöst wurde. Jetzt wurde gefragt, ob man den Käfig öffnen könne?

Wichtig: Immer fragen, bevor die nächste Hürde genommen wird. Nie überfordern, nie drängen. Keinen Erfolgsstress für Sie zulassen.

Die Frau bejahte. Sie trat näher und betrachtete die Maus. Dies löste keine Angst aus, eher Neugier. Sie wurde gefragt, ob sie noch näher treten oder die Maus sogar einmal anfassen wolle. Sie wollte!
Sie streichelte die Maus und meinte fassungslos: »*War ich das, die vor einigen Stunden behauptet hat, eine Mäusephobie zu haben?*«

Zwänge – Zwangsdenken, Zwangshandlungen, Bulimie

Ein Zwang erscheint als nicht unterdrückbare Zwangsgedanken (Grübeln, Befürchtungen, Erinnerungen), Zwangshandlungen (Putzen, Waschen, Kämmen, Aufräumen, Abschließen, Sortieren, Kontrollieren), Zwangsimpulse (sinnlose oder gefährliche Handlungen, die aber selten wirklich ausgeführt werden). Wird dem Zwang nicht nachgegeben, kommt die unterdrückte Angst. Anstatt ein Problem »wegzuklopfen«, kommt hier eine Variante, nämlich das Akzeptieren zu klopfen.

Dies betrifft vor allem Zwänge wie die einer 30-Jährigen, die eine Stunde brauchte, bevor sie die Wohnung verließ, weil sie immer wieder prüfen musste, ob alle Schlösser, Fenster und Geräte wirklich verschlossen beziehungsweise ausgeschaltet waren. Alles musste dann anschließend noch einmal kontrolliert werden, denn sie hätte ja etwas vergessen können.

Dem Zwanghaften wird nach einer Basissequenz erklärt, welche Punkte selbst zu klopfen sind. Er muss keinen Einstimmungssatz sprechen, auch keine Gamutsequenz durchführen. Es können sogar nur die Handpunkte sein. Wenn er nur diese Punkte klopft, um sich zu entspannen, wird sich seine Angst auch nicht gegen eine Veränderung wehren.

Der 30-jährigen Frau aus obigem Beispiel wurde nicht gesagt, sie solle irgendetwas **nicht** mehr tun. Sie sollte lediglich bestimmte Punkte kontinuierlich klopfen, wenn die Routine des Zwanges wieder begann. Die zwanghafte Routine konnte sie beibehalten, nur das Klopfen dabei sollte sie nicht vergessen. Nach einer Woche reduzierte sie ihre Kontrollroutine von 60 auf 20 Minuten und war merklich entspannter und ruhiger. Das übliche Nachkontrollieren hörte ganz auf. Da sie bei der Methode blieb, konnte sie nach einigen weiteren Tagen die Kontrollroutine auf fünf Minuten reduzieren.

Bulimie

Auch Zwänge wie Bulimie sind mit dieser Methode leichter anzugehen. In diesem schwierigen Fall kann das kontinuierliche Klopfen während des übermäßigen Essens und Übergebens als zusätzliche neue Gewohnheit verinnerlicht werden und deutliche Veränderungen der Gefühle und Gedanken wegen des Übergebens auslösen. Auch hier wird nicht vorgegeben, das bulimische Verhalten aufzugeben. So können die Personen mit viel weniger Scham darüber reden und zu weiteren Sitzungen kommen.

Wie eine junge Frau berichtete, war sie durch das Klopfen plötzlich in der Lage, zu beobachten, wie sie sich auf das Übergeben vorbreitete. Jetzt war es kein unbewusstes, zwanghaftes Tun mehr, sondern ein bewusstes Handeln, sie konnte erstmalig darüber reflektieren und es schließlich kontrollieren. Ihr Thema, der Auslöser, das »Fettsein«, hat sie noch im Griff, doch sie geht damit entspannter um und sieht jetzt die Wirklichkeit einer gut aussehenden jungen Frau und die Halluzination einer fetten, unansehnlichen jungen Frau.

Wer immer diese Methode anwenden möchte: Es ist ein Experiment. Aber wenn es klappt, dann ist es wunderbar für diesen Menschen, ohne Zwang leben zu können.

Dauerhafter Ärger

Dieser Fall weist auf die Bedeutung der richtigen Wortwahl hin. Werden Sie sehr genau!

Eine Frau litt 20 Jahre lang unter ihrem Haarschwund. Auf die Frage nach einem möglichen emotionalen Hintergrund erzählte sie, dass sie mit ihrem Mann und ihrem Schwiegervater in einem Haus wohne. Sie ärgerte sich immer und fühlte sich gedemütigt, wenn der Schwiegervater erwähnte, sie wegen dieses Haarausfalls nicht im Haus haben zu wollen. Er hatte ihr sogar Geld angeboten, wenn sie verschwinden würde. Sie ging jedoch nicht und somit blieb der Stress mit dem Schwiegervater.

Zunächst wurde der Ärger mit EFT behandelt. Schnell sank der Wert von 6 auf null. Dann kamen ein anderer Ärger und eine weitere Demütigung zum Vorschein, die vorher nicht Thema waren.

(So funktioniert EFT oftmals: Unbewusste Themen offenbaren sich, ohne dass sie gefordert wurden. Dahinter liegende Geschichten drängen nach »oben«.)

Sie war auch ärgerlich über ihren Mann, weil er sich auf die Seite seines Vaters stellte – er bedeutete ihr zwar nicht, zu gehen, sagte aber, dass er nicht glücklich sei, eine Frau ohne Haare zu haben. Ihr Ärger war auf 8 gestiegen. Der Einstimmungssatz hieß jetzt: *»Auch wenn mein Mann mir vor zwanzig Jahren sagte, er sei nicht glücklich mit mir ohne Haare, …«* Nach einem Durchgang sank der Ärger auf 6. Aber die nächsten Durchgänge mit *»Auch wenn ich jetzt noch Ärger habe, weil…«* brachten keine Verbesserung. Auch Sätze mit »Demütigung« führten zu nichts.
Sie wurde darauf hingewiesen, dass an dem Einstimmungssatz etwas nicht stimmen würde, sie sollte sagen, was sie

fühlte, und keine netten Worte gebrauchen, wenn sie nicht an nette Dinge denken würde. Sie verstand und meinte dann: *»Auch wenn dieses Arschloch vor zwanzig Jahren zu mir sagte, ...«* Volltreffer!

Nach viermaligem Kurz-EFT (JB, SB, UA) ging ihr Wert auf null.

Depressionen

Miriam ist 50 Jahre und hat zwei Töchter im Teenageralter. Die eine Tochter wurde ein Jahr zuvor bei einem Unfall schwer verletzt. Zur gleichen Zeit brach sie eine belastende Beziehung mit einem Mann ab und seitdem war sie depressiv. Sie nahm Antidepressiva, was ihr half, mit ihrem Leben und mit der Situation der Tochter fertig zu werden.
Sie kam, um EFT auszuprobieren, weil sie spürte, dass die Medikamente ihre Leber schädigten und ihr auf Dauer nicht gut taten.

Das Gespräch offenbarte schnell, dass Miriams unterschwelliges Thema eine tief empfundene Wertlosigkeit war. (Wertlosigkeit und Depression liegen so nahe beieinander, dass sie oftmals nicht getrennt gesehen werden.) Das Thema begleitete sie schon seit über 30 Jahren und ihrer Einschätzung nach hatte es den maximalen Wert 10.

Nach einem Durchgang EFT sank dieser Wert bereits auf null. Sie berichtete, dass sie wahrnahm, wie das Thema aus ihrem Energiefeld verschwand.

Auf die Frage, wie sie sich nun fühlen würde, meinte sie: »*Leer und abgetrennt von mir.*« Es schien ihr, als ob sie einen guten Freund verloren hätte, der sie lange begleitet und beraten hatte, sodass sie jetzt ein großes Loch in sich wähnte und sich verloren fühlte.

(Das ist nicht selten der Fall, wenn sich langjährige Themen eines Klienten auflösen, die zu einem integrierten Teil seines Lebens geworden sind. Klienten wissen dann erst einmal gar nicht, wie das Leben weitergehen soll.)

Also wurde EFT auf diese Themen angewendet: »*Auch wenn ich diese Leere in mir spüre,...*« »*Auch wenn ich mich nicht mehr auf meine vergangene Depression stützen kann,...*« »*Auch wenn ich jetzt noch nicht weiß, wie ich glücklich sein soll,...*«

Währenddessen spürte sie, wie ein Vorhang aufging, dem Licht und ein tiefer Frieden folgten. Der EFT-Coach hatte die gleiche Empfindung. Seitdem konnte Miriam auf ihre Medikamente verzichten, ohne dass es zu Nebenwirkungen oder Problemen kam, und auch die Depressionen traten nicht mehr auf.

Marie kam zu einer EFT-Sitzung, weil sie mit dem Nagelbeißen aufhören wollte. Nur eine Gewohnheit? Marie war eine erfolgreiche und geachtete Geschäftsfrau, schloss umfangreiche Verträge, leitete Personal. Auch war sie eine liebevolle Mutter. Aber sich selbst beachtete sie kaum. Schon bei der ersten Sitzung offenbarten sich Traumata aus ihrer Kindheit. Seit ihrem 10. oder 11. Lebensjahr litt sie an starker Depression und mangelndem Selbstwert. Sie nahm unter ärztlicher Aufsicht Antidepressiva und hatte Übergewicht. Sie fühlte sich als Mädchen minderwertig, weil ihr Vater ihr schon sehr früh sagte, dass er eigentlich einen Sohn haben wollte. Als sie drei Jahre alt war, bekam sie einen Bruder, der offensichtlich alle Aufmerksamkeit des Vaters auf sich zog, die sie sich immer gewünscht hatte. Sie nahm zu und wurde wegen ihres Übergewichts gehänselt. Sie knabberte Nägel wie ihr Vater, soweit sie sich zurückerinnern konnte. Ihr Vater aß auch übermäßig und das war ihr eigentlich widerlich, weil es ihr so gierig erschien. Sie konnte sich viele Situationen in ihr Bewusstsein zurückrufen, die sie traurig machten und in ihr das Gefühl, etwas zu brauchen, hinterließen.

Nach einem Einstimmungssatz wie *»Auch wenn mein vermeintlich gieriger Vater einen Jungen wollte,…«* wurde EFT durchgeführt. Die folgenden Sätze ergaben sich durch **kontinuierliches (!)** Klopfen, während nach weiteren stressenden Inhalten gefragt wurde. Auch ich habe dieses Verfahren schon oft erfolgreich angewendet. Dabei tauchen leichter unbewusste oder vergessene Themen auf. So kam es zu diesen Sätzen:
»Auch wenn ich immer noch meinem Vater gefallen will,…«
»Auch wenn ich meinen Selbstwert immer noch von diesem scheinbar gierigen, widerlichen Mann abhängig mache,…«
»Auch wenn ich glaube, ich will die Liebe meines Vaters, akzeptiere ich, dass ich etwas von meinem Vater will, was er nicht geben konnte.«

Seit Jahren wollte Marie abnehmen, sie hatte auch schon vieles versucht. Es war ein Trauma, in der Schule von anderen als Pummel verlacht zu werden. Das Thema wurde geklopft und

Marie entspannte sich. Durch das kontinuierliche Klopfen während der Sitzung kam die nächste Geschichte wie eine Luftblase nach oben: Eine Kur mit verschriebenen Appetithemmern und Fettverbrennern führte nur zu Durchfall und Magenschmerzen. Obendrein warf ihr der behandelnde Arzt vor, sie würde sich auf Kosten der Allgemeinheit (Gesundheitskasse) ihr Aussehen verändern lassen wollen. Ihr Selbstwert sackte wieder einmal ab. Aber jetzt reichte es ihr. Sie sah ein, dass sie ihre versteckten Themen aufdecken musste.

Nach drei Sitzungen, in denen alle Themen behandelt wurden, zeigte sie ihre inzwischen wachsenden Fingernägel. Sie hatte auch bei ihrem Arzt nachgefragt, ob sie jetzt ihre Antidepressiva reduzieren könnte, fühlte sie sich doch inzwischen wesentlich wohler. Von Tag zu Tag verbesserte sich ihr Allgemeinzustand, sie aß gesünder, doch irgendetwas fehlte noch. In der nächsten Sitzung wurde der Satz »*Auch wenn ich mich noch nicht vollständig frei fühle und ich auch nicht weiß, warum,…*« geklopft. Dabei kam ihr die Erkenntnis, dass sie sich nicht vergeben konnte, so lange diesen negativen Geschichten und negativen Gefühlen verhaftet gewesen zu sein.

Mit »*Auch wenn ich mir nicht vergeben kann dafür, dass ich mich so lange mit Negativem beschäftigt habe,…*« und zwei Durchgängen kam der nächste Satz: »*Ich fühle mich gefangen in meiner Geschichte!*« So kam der vorletzte Satz zustande: »*Auch wenn ich mich in meiner Geschichte gefangen glaube,…*« Und schließlich wurde der Satz »*Ich vergebe mir und allen anderen.*« so lange geklopft, bis alle Werte auf null waren.

Trauma – Lösung ohne Tränen und Schmerz

In einem Feldversuch mit 25 Teilnehmern verringerte sich der Einfluss eines Traumas – eines teilweise sehr drastischen Traumas – in weniger als 20 Minuten von den Werten 8 bis 10 bei 20 Personen auf 0, bei drei Personen auf den Wert 1, bei jeweils einer Person auf 2 beziehungsweise auf 3.

Wie wird verfahren?

Die Person wird aufgefordert, sich auf ein Trauma zu konzentrieren, das mindestens drei Jahre zurückliegt, um die Möglichkeit zu reduzieren, dass aktuelle Geschichten damit in Verbindung gebracht werden.
Als Beispiel: »Als mein Vater mich im Alter von zwölf Jahren schlug, ...«

Es ist wichtig, die Person beim »Thema« zu halten, weil einige dazu tendieren, auf ein anderes »Thema« auszuweichen oder ein anderes Thema mit dem eigentlichen »Thema« zu verknüpfen, wenn sich dieses auflöst.

Die Person wird nach ihrer **Vermutung** gefragt, wie hoch ihre emotionale Belastung auf der Skala von 0 bis 10 sei, wenn sie an das Geschehen denkt.
Sie soll es sich aber nicht detailliert vorstellen, visualisieren, spüren – also nicht Augen schließen und das Ganze durchspielen.
Sie sollte auch einmal durch den Raum gehen und sich dann wieder hinsetzen. Das **Vermuten** trennt die Geschichte in hohem Maß vom emotionalen Schmerz!

Jetzt soll die Person für sich eine Kurzformel finden wie »Diese-Vater-Schläge-Emotion« und mit einem Klopfdurchgang beginnen.

Nach dem ersten Durchgang stellt sie wieder eine Vermutung an, geht durch den Raum und findet einen neuen Wert. Typischerweise fallen die Werte niedriger aus. Nun folgen noch weitere drei bis vier Durchgänge, bis der Wert wesentlich niedriger ist, also bis auf 3 oder null gesunken ist.

Sobald die Person diesen Wert erreicht hat, folgt noch ein Durchgang mit einer Vermutung. Erst dann soll sich die Person die Situation lebhaft vorstellen. »*Und wenn du dir die Situation von damals jetzt anschaulich und lebhaft* ***vorstellst****, wie sie war, wie sehr schmerzt, belastet, stresst, quält dich das jetzt?*« Normalerweise wird die Person wenig oder gar nichts spüren. Falls doch, kommen weitere Durchgänge hinzu.

Umgang mit dem großen Trauma, dem Unaussprechlichen

Wenn Schutzwälle aus Angst vor unerträglichen Erinnerungen, Schmerzen, Trauer etc. die Person blockieren, kann es schwierig werden, EFT erfolgreich anzuwenden. Das Leben des Klienten sieht problemlos aus, doch er läuft auf Dornen, sein verdrängtes Thema steuert das Alltägliche und lässt ihn lieber humorlos, energielos, unkreativ, hoffnungslos und fade leben, als sich dem Thema, dem Trauma zu stellen. Es wird vor allem nicht AUSGESPROCHEN. Also arbeiten wir nicht direkt mit dem Thema. Wir sprechen es nicht an.

Bitten Sie den Klienten, Folgendes zu sagen:
»Die große Sache.«

Nun lassen Sie den Klienten die Sache von 0 bis 10 bewerten. Wahrscheinlich erhalten Sie einen sehr hohen Wert. Lassen Sie ihn auch jegliche körperlichen Symptome (Herzklopfen, Schwitzen, Magenkrämpfe, Atemnot...) werten.

Jetzt folgt EFT, um das Thema generell anzusprechen und den Zugang freizulegen. Wir reduzieren damit die unbehaglichen Zustände körperlicher Symptome. Das ist mehrfach zu wiederholen, bis sich der Klient leichter und entspannter zeigt.

»Auch wenn ich mich unbehaglich fühle mit ..., ...«
»Auch wenn mir scheint, dass dieses Thema zu erschreckend ist, ...«
»Auch wenn allein der Gedanke daran mich aufgeregt macht, ...«
»Auch wenn mein Herz so klopft, ...«
»Auch wenn es mir den Hals zuschnürt, ...«

Nun soll der Klient noch einmal sagen: *»Die große Sache* (oder wie immer er das formulieren will)«. Danach nimmt er wieder eine Wertung von 0 bis 10 vor.

Wenn die körperlichen Beschwerden oder Begleiterscheinungen geringer geworden sind bzw. den Wert null erreicht haben, kann weitergefragt werden:

»Gibt es irgendeinen Aspekt dieses Themas, über den du leicht sprechen kannst?«

So wird das Thema langsam, Aspekt für Aspekt, angegangen, wobei man immer genau beobachtet, dass der Klient nicht verspannt und blockiert ist oder in den Nebel des Vergessens abgleitet.

Während des Prozesses kann der Klient *emotionales Unbehagen* erfahren. **Das** ist »die große Sache«. Nicht die Geschichte ist schlimm, sondern die Emotion. Wir können hier die Blockade auflösen, ohne die ganze Ursprungsgeschichte zu erfahren.

Trauma und die Movie-Technik

Manchmal tendieren Menschen dazu, ihre Situation, die sie belastet, zu generalisieren oder ungenau zu beschreiben. Das kann ein Grund dafür sein, dass EFT nicht funktioniert. Genaue Beschreibungen und der Umgang mit der wirklich belastenden Situation bzw. mit dem vergangenen Geschehen können zu einem Erfolg von EFT beitragen.

Wenn wir von einem Film sprechen, den ein Mensch erlebt (hat), hat dieser einen Anfang und ein Ende, Darsteller, Handlung, Emotionen. Falls die Person den Film nicht detailliert parat hat, präsentiert sie ein generalisiertes Thema, das selten erfolgreich behandelt werden kann.

Ein Beispiel: »*Mein Vater hat mich missbraucht.*« Das ist zu generell, denn es können mehrere Situationen und Formen von Missbrauch gewesen sein. Wenn die Person dazu gebracht wird, sich den Missbrauch als einen Film vorzustellen, wird sie zu einem bestimmten, speziellen Vorgang geleitet.

Drehbuch für die Movie-Technik

1. Frage: »*Wenn es ein Film wäre, wie lange würde er dauern?*« Normalerweise sind es einige Minuten. Wenn Stunden oder Tage genannt werden, ist das noch zu unspezifisch.

2. Frage: »*Wie lautet der Titel des Films?*« Es sollten nun wirklich spezifische Titel folgen wie »*Der Kampf im Badezimmer*«, »*Der Unfall mit dem Auto meines Vaters*«.

3. Frage: »*Lass den Film nun innerlich ablaufen.... Nun sag mir, wie sehr dich der Film auf der Skala von 0 bis 10 berührt /ängstigt/stresst/in Panik versetzt.*« Bei sehr ichschwachen Personen oder Persönlichkeitsstörungen (sensitive Persönlichkeit) ist es auch gut, mit der Einschätzung (Methode: Trauma ohne Tränen und Schmerz) oder der vermuteten Belastung zu arbeiten. Diese Methoden berühren die Person nicht allzu sehr und verhindern starken emotionalen Stress.

4. Vollständige EFT-Durchgänge. Diese erfolgen mehrere Male mit »Dieser Küchen-Film« oder »Dieser Auto-Film«, bis alle emotionalen Reaktionen sichtbar ausbleiben.

5. Das Drehbuch erzählen. Die Person erzählt den Film, wobei sie an einer harmlosen Stelle anfängt. Man sollte nicht weitererzählen lassen, wenn Emotionen auftauchen, und wirklich stoppen. Manche Menschen meinen, wenn sie die Sache mutig und schnell hinter sich bringen, ihre Traumata wieder erleben und fühlen und alles erzählen, dann wären sie das Thema los. Das sind alte Methoden und Konzepte.

Wenn gestoppt werden muss, erfolgt anschließend wieder ein EFT-Durchgang. Dies wird so lange durchgeführt, bis der Film ohne Emotionen zu Ende erzählt ist.

6. Die Person erlebt den Film (innerlich, in der Vorstellung und so detailliert wie möglich) und berichtet von jeder emotionalen oder körperlichen Intensität, die erlebt wird.

7. Wiederholen Sie EFT-Durchgänge mit jeglichen verbleibenden Intensitäten und lassen Sie den Film wiederholt ablaufen, bis er keine Auswirkungen mehr zeigt.

Bei sorgsamem und gründlichem Vorgehen wird der Prozess sämtliche negativen Wurzeln aus dem unterbewussten Boden des Klienten entfernen. Es gibt einen »neutralisierenden«, generalisierenden Effekt, bei dem auch andere Wurzeln berührt werden. So kann es sich bei *»Mein Vater hat mich missbraucht«* um hundert Gelegenheiten von Missbrauch gehandelt haben, aber die »Behandlung« von fünf oder zehn spezifischen Ereignissen mit der EFT-Movie-Technik kann die restlichen Situationen neutralisieren.

Trauma und Gefühllosigkeit

Dieser Text ist für EFT-Anwender, die mit Klienten arbeiten, die sich von ihrem Trauma so weit distanziert haben oder es so gut beschützen, dass sie nichts mehr spüren. Sie erinnern sich, manchmal auch detailliert, aber es kommt zu keiner Intensität, keiner Emotionalität. Es kommen nur Worte, es ist ein automatisches Erzählen.

Es sind keine deutlichen Gefühle oder hohen Werte auf der Skala zu Beginn einer Sitzung erforderlich, um EFT einzusetzen. Es geht auch ohne, wenn der Klient sich nicht auf ein Thema einstimmen kann oder ein unausgeglichenes, unterbrochenes Energiesystem hat.

Frage an den Klienten: »*Welche Erinnerung würdest du lieber nicht haben?*«

Er wird garantiert irgendetwas bieten. Klopfen Sie dann dieses Thema. Jeglicher Aspekt, der mit diesem Thema verbunden sein kann, ist zu untersuchen. Es können also viele Durchgänge nötig sein.

Sie können die Augenübung dazunehmen oder nur den Gamutpunkt.

Möglicherweise, und das passiert meistens, bietet der Klient Hinweise oder Vermutungen über die Sache an. Alle Hinweise werden geklopft.

Stellen Sie in der nächsten Sitzung dieselbe Frage. Sie werden erleben, dass der Klient jetzt eine völlig veränderte Erinnerung hat. Also wurde das Thema der ersten Sitzung geschwächt oder eliminiert. Dann wird das neue Thema geklopft, aber auch alle damit erscheinenden Hinweise und Vermutungen.
Es mag mehrere Sitzungen brauchen, bis die Schutzwälle abgebaut sind. Doch sie sind auflösbar. Die Person kann zu einem fühlenden, verzeihenden und bewussten Leben hingeführt werden.

SONSTIGE THEMEN

Auflösung von Glaubenssätzen

Katherina hatte mehrfach versucht, Kurse anzubieten, doch niemals meldeten sich genügend Teilnehmer an. Sie hatte allen Elan, alle Mittel eingesetzt, um als Kursleiterin zu arbeiten. Daraufhin wurde sie sehr depressiv und hielt sich für eine Versagerin, die an allem scheitert. Dieser erschütternde Gedanke kam ihr, als sie nach den möglichen Ursachen ihres Misserfolgs suchte. Am Abend nach der »Erkenntnis« hatte sie heftigen Ärger mit ihrem Ehemann, später saß sie, schwer depressiv, allein im Garten.

Da sie EFT kannte und von Glaubenssätzen wusste, die sich eigentlich so selten und präzise offenbaren, wurde ihr klar, dass sie hier selbst einen erwischt hatte. Was lag näher, als EFT darauf anzuwenden.

Sie begann mit einer Basissequenz mit »*Auch wenn ich so eine Versagerin bin,…*« Und gleich darauf klopfte sie nur auf dem Karatepunkt: »*Ich entschuldige mich bei meinem Mann.*« Da kam der nächste Gedanke: »*Ich bin ärgerlich auf mich.*« Sie nahm den Ärger auf sich von ihm zurück und erklärte es ihm.

Die folgenden Sätze trugen zur Klärung bei: »*Auch wenn ich nicht weiß, was mich ärgerlich macht,…*« »*Auch wenn ich die Menschen verachte, weil sie meine Kurse nicht besuchen wollen,…*« »*Auch wenn ich es für sehr wertvoll halte, anderen zu helfen,…*«

Der letzte Satz offenbarte, dass sie nicht an sich dachte und sich um ihr Wohlergehen kümmerte, sondern meistens um das Wohl der anderen. Mit »*Ab jetzt beschließe ich, dass ich mich auch um mich selbst kümmern werde.*« auf dem Karatepunkt geklopft, hatte sich das Thema aufgelöst.

Beziehungs- und Partnerschaftsthemen

Das Zusammensein mit Menschen, ob distanziert oder intim, kann Konflikte oder psychische Verletzungen verursachen. Konflikte innerhalb Teams, die zusammenarbeiten oder zusammenspielen müssen (was ursprünglich ihre gute Absicht war), können durch EFT für alle Beteiligten gelöst werden. Hier müssen die Themen präzisiert und alle auftauchenden Bedenken eines Friedens mit Basissequenzen geklopft werden.

Bei intimen Partnerschaften kommt meistens nur eine Partei oder Person zum EFT. Dabei wird zuerst das aktuelle Thema behandelt. Im Laufe der Sitzung(en) werden auch unbewusste Themen an die Oberfläche kommen, möglicherweise Elterngeschichten, die in die Beziehung eingeflossen sind.

Man sollte dann mit EFT alle möglichen Aspekte der

- Verletzung
- Zurückweisung
- Verweigerung
- Schuldzuweisungen
- negativen Gefühle
- negativen Gedanken
- negativen Verhaltensweisen

behandeln.

»Auch wenn ich dich (Name) liebe und nicht mag, dass du (Name) (Handlung) machst, . . .«
»Auch wenn du mich verletzt hast, was ich nicht möchte, . . .«
»Auch wenn ich es nicht ertrage, dass . . . macht, . . .«
»Auch wenn du (Name) mich wie . . . behandelst, . . .«

Probieren Sie es mal mit Übertreibungen. Vielleicht bricht das Große an der Geschichte zusammen und der Partner ist gar nicht so böse oder gefährlich:
»Auch wenn du (Name) der schlimmste Partner bist, . . .«
»Auch wenn du (Name) mich am meisten gedemütigt hast, . . .«

Bei Verletzungen oder Enttäuschungen in Beziehungen, insbesondere Partnerschaften, haben wir ein Reaktionsmuster gebildet. Es bezieht sich auf körperliche Symptome auf Grund von Gedanken, denen eine Emotion folgt. So kann sich die Handlung eines Partners als der Gedanke »Verrat« kristallisieren, dem das Gefühl »Ohnmacht« folgt, das sich als »Magenschmerzen« oder »Herzschmerz« im Körper manifestiert.
Damit nicht genug, fühlen wir uns möglicherweise »dumm«, »ausgeliefert«, »schwach« usw.
Damit immer noch nicht genug, entsteht Ärger oder Wut gegen die Person oder auf die Handlung.

Das ängstliche Reptiliengehirn versucht, die Gefahr, die Niederlage, die Schmach, die scheinbare Vernichtung – der Partner tat es in den meisten Fällen für sich, aber nicht, um seinen Partner zu vernichten oder zu verletzen – abzuwenden. Es erzeugt dazu Ärger oder Wut. Das Reptiliengehirn entscheidet, dass diese Situation nicht sicher ist.

Wir fragen hier zunächst: *»Hat es dein Partner so gemeint?«*
»Habe ich jetzt meinen besten Freund, Partner, Kollegen verloren und einen Feind bekommen?«

Die nächste Frage ist:
»Wie werde oder habe ich schon reagiert?«

Entsprechend der Darstellungs- oder Showbusinesstheorie der Psychologie wird das Publikum entweder applaudieren, einschlafen oder weggehen. Was tun wir, wenn unsere Reaktion keinen interessiert? Wir ändern sie oder suchen uns ein anderes Publikum.

Mit EFT können wir damit beginnen, die körperlichen Symptome nur mit Kurzformen zu klopfen, wie z. B.:

»Dieses Gefühl von Leere.«
»Diese Tränen.«
»Mein Magenkrampf.«
»Mein eingeschnürtes Herz.«
»Dieses Gefühl von Schwäche.«

Danach wird auf die Selbstbeschuldigungen eingegangen, wie z. B.:

»Auch wenn ich mich
dumm... / ausgeliefert... / schwach... / ausgenutzt... / betrogen... / erniedrigt...
fühle, liebe und akzeptiere ich mich voll und ganz.«
»Auch wenn ich mich für meine Reaktionen schäme, ...«
»Auch wenn ich es als Schande betrachte, ...«

Starke, tiefe Emotionen werden geglättet mit:

»Auch wenn ich mich tief verletzt fühle, …«
»Auch wenn ich große Angst habe, …«
»Auch wenn ich sehr traurig bin, …«
»Auch wenn das zu viel für mich ist, …«
»Auch wenn ich das nicht verkraften kann, …«
»Auch wenn das die letzte Gelegenheit war, …«
»Auch wenn es wieder passiert ist, …«
»Auch wenn er/sie mir versprochen hat, …, …«
»Auch wenn meine Welt zusammenbricht, …«
»Auch wenn das unverzeihlich ist, …«

Falls Sie mit EFT solche Themen behandeln wollen, ist es gut, wenn beide Partner zuerst EFT für sich allein durchführen. Im günstigsten Fall können Partner sich danach gegenseitig EFT geben, wenn die Bereitschaft vorhanden ist. Durch die gemeinsame EFT-Arbeit entsteht auch wieder Gemeinsamkeit und das gemeinsame Tun testet den Wunsch nach Zusammensein oder Zusammenbleiben.
Wenn beide Partner kommen, können beide gleichzeitig bei sich klopfen, während der Berater/Coach die Sätze vorgibt und darauf achtet, ob beide wirklich »bei der Sache sind« bzw. nicht wahrhaftig sind.

Die Sätze werden gemeinsam ausgesprochen, aber beide Partner klopfen bei sich selbst:
»Auch wenn ich dich hasse, …« und *»Auch wenn ich dich liebe, …«*
»Auch wenn es unser Versagen/unsere Schuld/deine Schuld/meine Schuld ist, …«

»Auch wenn ich dich beschuldige, …« und *»Auch wenn ich dich nicht beschuldige, …«*
»Auch wenn ich nicht perfekt bin, …« und »Auch wenn ich perfekt bin, …«
»Auch wenn wir uns verletzt haben, …«

Innerer Frieden

Erlauben Sie sich ein entspanntes, freies und gelöstes Leben. Die immer wiederkehrenden Dinge oder die Gewohnheit, zu leiden oder gestresst oder blockiert zu sein, können durch beständiges und gründliches Aufräumen mit EFT beendet werden. Um in Frieden mit sich und anderen zu leben, können Sie EFT wie eine Psychohygiene nutzen. Schließlich putzen und waschen wir unser Äußeres auch ständig. Warum nicht auch innen aufräumen und alte Dinge entrümpeln?
Sie können damit aufhören, in einer Welt der Bedrohung, der Gewalt, des Neides, des Ärgers zu leben. Nur Sie können das tun, um die täglichen Herausforderungen mit Leichtigkeit und Einfachheit anzunehmen.

- Erstellen Sie eine Liste mit den Situationen, die Sie am meisten stören oder belasten.
- Schreiben Sie auch die Situationen auf, die Sie nicht mehr stören. Schon das Erinnern daran bedeutet, dass sie eine Erlösung brauchen.
- Geben Sie jeder Situation einen Begriff oder einen Filmtitel. »Mutter ließ mich allein«; »Bruder schlug mich«; »Freundin verließ mich«; »Hund biss mich«; »Schulaufgaben vergessen«.

- Dann nehmen Sie die Situationen bzw. Filme, die Sie am meisten ansprechen, weil sie den höchsten emotional geladenen Inhalt haben. Führen Sie EFT mit ihnen durch, bis Sie darüber lachen können oder nicht mehr daran denken. Wenn Sie keinen Stresswert von 0 bis 10 für eine Situation finden können, stellen Sie sich vor, Sie würden sie wegschieben oder unterdrücken, und nehmen den Wert 10. Behandeln Sie auch alle anderen Aspekte, die mit dem Thema auftauchen.
- Führen Sie jeden Tag für einige Zeit (Monate) EFT für jegliches Thema, das Sie sich aufgeschrieben haben, durch. Bemerken Sie, wie Sie sich körperlich und emotional leichter, freier, besser, frischer fühlen. Entdecken Sie, wie Ihre Beziehungen besser, harmonischer werden. Beobachten Sie, wie Themen, die Sie sehr gestresst haben, aufbrausen ließen oder ärgerlich gemacht haben, diese Reaktionen nicht mehr bewirken können. Spüren Sie, wie körperliche Symptome sich langsam auflösen, ausbleiben, sich harmonisieren.
- Wenn Sie glauben, dass das Leben ohne Schmerzen und Leiden und Aufregung langweilig werden könnte, versuchen Sie es mit »Auch wenn mich Stille, Zufriedenheit, Friede ängstigt, …«

Schule und Prüfungen: Lese-, Schreib- und Lernprobleme

Erwachsene Menschen wie auch Kinder geraten mehr unter Stress, wenn sie nicht lesen, schreiben, rechnen können und in der Öffentlichkeit, im Beruf, in der Schule genau diese Fähigkeiten zeigen sollen, als durch die Schwäche selbst. EFT ermöglicht, wie bei vielen anderen Themen, erst einmal den durch die Situation erzeugten Stress zu verringern, und siehe da, die Schwäche oder Blockade kann sich auf wundersame Weise auflösen.

Leseschwäche bei der 42-jährigen Susanne

In einem Fall wurde eine 42-jährige Frau, Susanne, mit EFT behandelt. Sie konnte nicht flüssig lesen und sich an die Worte erinnern. So konnte sie beispielsweise das Wort »meines« nicht schreiben, ohne die Buchstaben zu verwechseln. Angesichts dieses Problems fand sie keine Arbeitsstelle. Nach zwei EFT-Durchgängen konnte sie zwei Sätze in der Zeitung laut lesen und auch inhaltlich wiedergeben, wobei sie noch leicht nervös war. Nach einem weiteren Durchgang war auch die Nervosität verschwunden und sie konnte flüssig lesen und das Gelesene auch wiederholen. Auf einer Schreibmaschine konnte sie das Wort »meines« ohne Stress und richtig schreiben. Nach einem Monat fand sie eine neue Beschäftigung in einem Büro.

Leseschwäche eines 10-jährigen Jungen

EFT wurde eingesetzt, um die Leseschwäche eines 10-jährigen Jungen zu verbessern. Seine Mutter und ein Tutor lehrten ihn zuvor für vier Monate Phonetik. Seine Lesefähigkeit und seine Aussprache verbesserten sich. Doch der Junge fühlte sich immer noch nicht wirklich wohl mit dem Lesen. Er fand das Lesen »langweilig«. EFT wurde versucht in einer ersten Sitzung mit *»Auch wenn ich Lesen langweilig finde, bin ich ganz in Ordnung«*. Er entspannte sich sichtlich und, noch wichtiger, las langsamer, aufmerksamer und genauer. Sein Problem war, was bis dahin nicht bekannt war, dass er zu schnell, ja hastig las (um es hinter sich zu bringen), dabei unzusammenhängende Wörter miteinander verband, Wörter, von denen er die phonetische

Kombination kannte. Die Wortverbindungen, die immer größer wurden, versetzten ihn in die alte Furcht vor dem Lesen, der er durch Schnelligkeit zu entkommen versuchte, mit dem Resultat, dass er nicht genau las. Jetzt, nach dem EFT, ist er sichtlich entspannter. Seine Mutter wird ihn zukünftig unterstützen, sich selbst zu klopfen, bevor er lesen muss.

Lern-, Lese- und Schreibblockaden

EFT ist natürlich bei allen Schwierigkeiten im Zusammenhang mit Lesen, Rechnen, Aufmerksamkeit, Konzentration, Bei-der-Sache-Bleiben etc. einsetzbar. EFT nimmt erst einmal den Stress, der entsteht, wenn man nicht wie die anderen ist, was nicht nur für Kinder in der Schule ein Thema ist.

»Auch wenn es mir so schwer fällt, flüssig zu reden, . . .«
»Auch wenn ich mich so dumm fühle wegen des . . ., . . .«
»Auch wenn ich zu blockiert bin, um normal zu lesen, . . .«
»Auch wenn ich erstarre, wenn ich versuche zu schreiben etc., . . .«
»Auch wenn ich Angst davor habe, laut vorzulesen, . . .«
»Auch wenn ich Angst davor habe, es nicht zu verstehen, . . .«
»Auch wenn ich mich fürchte, vor allen anderen etwas vorzulesen, . . .«
»Auch wenn ich fürchte, ich verstehe es nicht, . . .«

Auf körperliche Symptome wie Zittern der Hände und Knie, Schweißausbrüche sowie Verspannungen achten. Die körperlichen Symptome sind mit einem Einstimmungssatz, in dem sie erwähnt wer-

den, zu klopfen. Sie sollen/werden sich mit jedem Durchgang zu einem entspannten Zustand hin bessern.
Wenn es um Lese-, Rechen- und Schreibschwierigkeiten geht, machen Sie nach jedem Durchgang einen Test, um die Fortschritte zu erkennen.

Wichtig: EFT nimmt den Stress, und so können sich die kognitiven Fähigkeiten entfalten.

Prüfungsangst

Ein bisschen Prüfungsangst oder Lampenfieber ist ganz normal. Das steigert sogar die Leistung. Jeder Manager, jeder Sportler, jeder Schüler oder Student kennt dieses Gefühl. Es bringt Höchstleistungen hervor, beschleunigt die Reflexe und schärft die Sinne. Blockiert einen aber die »Angst vor der Angst« regelrecht, dann sind es zu viele Stresshormone, die bei Prüfungsangst in den Körper fluten. Das führt manchmal zum Absturz: wenn die Angst vor der Angst zu groß wird.
So raubt Prüfungsangst den Schlaf oder lässt den Magen krampfen. Manche Menschen müssen sich sogar übergeben. In der Prüfung oder bei einem Auftritt vor Publikum kommt es dann zu Blockaden der Gehirnströme, die Informationsaufnahme und -verarbeitung sind gestört. Der bekannte Black-out ist die Folge. Dabei haben die Betroffenen das Gefühl, als ob der Kopf ganz leer wäre. Kritisch wird es, wenn Angst und Panik ganz ohne Anlass aufkommen. Spätestens dann empfiehlt es sich, einen Therapeuten zu Rate zu ziehen.

Aspekte, die mit EFT behandelt werden können:
»Auch wenn ich mir nichts merken kann, …«
»Auch wenn ich nicht malen kann, …«
»Auch wenn bei mir nichts klappt, …«
»Auch wenn ich Mathematik nicht verstehe, …«
»Auch wenn ich Angst vor Prüfungen / dieser Prüfung habe, …«
»Auch wenn ich mich nicht konzentrieren kann, …«
»Auch wenn ich keine Formeln aufschreiben kann, ohne die Zahlen zu verdrehen, …«

EFT für Kinder

Kinder reagieren sehr gut auf EFT. Wichtig ist, dass Sie eine klare Rückmeldung von ihnen bekommen, um beste Erfolge zu erzielen. Dies kann durch Bilder von Smileys (von laut lachend bis grimmig oder weinend), das Deuten auf die Kinder oder Andeutungen mit der Hand (von weit offen bis fest verschlossen) geschehen. Wenn kein Fortschritt eintritt und es nicht spielerisch geschieht, werden Kinder leicht gelangweilt, unruhig und verweigern die Mitarbeit. Beschreiben Sie EFT als ein Spiel.

Mäuse in der Hose

Der dreijährige Andreas glaubte, Mäuse in seiner Hose zu haben. Die Vorgeschichte war: Andreas war auf dem Bauernhof der Großeltern, wo am Nachmittag eine Maus im Haus gefunden wurde. Am Abend war er felsenfest davon überzeugt, dass Mäuse in seiner Hose waren. Beim Abendessen in einem Restaurant musste seine Hose ausgezogen werden, denn er war so unruhig, aufgeregt und fast panisch über diese Vorstellung. Auch auf der Heimfahrt gab es Tränen und Klagen, die Mäuse würden ihn anfallen. An einen Nachtschlaf war nicht zu denken.

Breitbeinig und mit ungelenken Schritten erschien er mit seiner Mutter zur EFT-Sitzung. Er wollte nicht, dass die Hose seine Beine berührte, und setzte sich auf das Sofa, die Hände verlegen und rastlos wringend. Auf die Frage nach den Mäusen im Haus der Großeltern antwortete er, dass in seiner Hose Mäuse seien, und zeigte auf die ausgebeulten Stellen seiner weiten Cordhose. »*Da sind sie!*« Auch das Abtasten der Hose, das zeigte, dass da nichts war, konnte nicht überzeugen.

Er stimmte einem Spiel zu, das die Mäuse verjagen würde. Die erste Runde wurde mit diesem Satz geklopft: »*Auch wenn da Mäuse in meiner Hose sind und ich sie da nicht haben will, bin ich ein starker Junge und meine Mami liebt mich.*« Nach einigen Klopfrunden, um die sich Andreas jetzt selbst kümmerte, kam es zu dem Satz: »*Die Mäuse müssen mein Haus verlassen, weil ich hier bestimme, was gemacht wird!*« Jeglicher Stress, Unbehaglichkeit oder Angst waren verschwunden. Das Thema »Mäuse in der Hose« trat nie mehr auf.

Stottern

Nutzen Sie jede Chance, Kindern mit EFT zu helfen. Etwa beim Stottern. Der Satz lautet:
»*Auch wenn ich diese Schwierigkeiten beim Sprechen habe, …*«
»*Auch wenn ich nicht flüssig reden kann, …*«

Diese Sätze wurden bei einem sehr zerfahrenen und unkoordinierten Sechsjährigen eingesetzt, der nach einigen Durchgängen zum Erstaunen der Eltern und später des behandelnden Psychotherapeuten ohne zu stottern sprach. Zwar kam das Stottern einen Tag später wieder, aber nicht so heftig, und er konnte streckenweise flüssig sprechen. Der Junge lernte, immer dann zu klopfen, wenn das Stottern begann, und es wurde deutlich besser. Ein Jahr später war sein Stottern ganz verschwunden.

Emotionale Grundreinigung

EFT kann eingesetzt werden, damit sich bei Kindern keine Traumata ansammeln, damit sie ihren inneren Frieden und ihr Selbstvertrauen halten können, statt einen emotionalen Mülleimer aufzufüllen.

Es ist so einfach, jeden Abend die Kinder zu fragen, woran sie sich erinnern, was ihnen am Tag Negatives, Schmerzhaftes, Verletzendes widerfahren ist. Es ist eine 10-Minuten-Kur für die kindliche Psyche.

Ich sah ein Monster im Fernsehen.
Papa war böse auf mich.
Die Lehrerin hat mit mir geschimpft.
Ich bin so schlimm auf die Knie gefallen.
Die anderen Kinder haben über mich gelacht.
Meine Freundin Pia ist schöner als ich.
Peter kann schneller laufen als ich.
Der Lehrer sagte, ich sei nicht besonders intelligent.

Bei Kindern ist der 2. Satzteil entweder ganz wegzulassen oder ein für sie verständlicher Satz zu bilden, beispielsweise: »... bin ich gut, bin ich cool, bin ich stark, bin ich lieb, bin ich...« Als Einschätzung eignen sich besser Bilder – wie die Smileys.

»Auch wenn ich diese schielenden Augen habe, bin ich gut/ kann ich alles andere wie alle anderen Kinder auch.«

Entlassen wir Kinder auch aus irgendwelcher Schuld:

»Auch wenn ich die Scheibe eingeworfen habe, ...«
»Auch wenn ich so viele Fehler im Diktat hatte, ...«
»Auch wenn ich vergessen habe, ..., ...«
»Auch wenn ich meine kleine Schwester gequält habe, ...«

Toxische Substanzen, störendes Umfeld, EFT-hemmende Einflüsse

Eine Allergie des Energiesystems, wie Dr. Callahan es nennt, kann blockierend auf mögliche EFT-Maßnahmen wirken. Energietoxine können das Energiesystem ständig irritieren. Um das zu überprüfen, können Sie EFT an einem anderen Ort durchführen: Gehen Sie aus Ihrem Haus, Ihrem Büro usw. irgendwohin, wo Sie sich wohl und ungestört fühlen.

Vielleicht machen Sie dort schnellere Fortschritte beim Auflösen von Blockaden.

Eine weitere Empfehlung ist, sich gründlich zu duschen und von allen synthetischen Duft- und Pflegemitteln zu reinigen. Probieren Sie dann EFT unbekleidet aus. Stellt sich jetzt ein Fortschritt ein, dann liegt die Energieblockade an Ihren Wasch- und Pflegemitteln. Zu den Waschmitteln gehört auch das Vollwaschmittel für die Waschmaschine!

Wenden Sie EFT auf alle vermuteten Mittel an:
»Auch wenn ich auf mein Parfüm empfindlich reagiere, …«
»Auch wenn ich mich in dieser Kleidung (hier spezifisch werden) unwohl fühle und meine Haut juckt, …«

Ein Sonderfall ist: Im Umkreis von Orten kann sich eine Energie fixieren, und dies umso ausgeprägter, je intensiver dort ein Erlebnis stattgefunden hat. Diese »haftenden« Energien können bei anderen dafür empfänglichen Menschen eine Resonanz hervorrufen. EFT kann diese Resonanz möglicherweise aufheben. Wie immer: Probieren Sie alles aus.

ANHANG

Noch etwas »Fachwissen« – wer's braucht ...

In den USA wurde die Effektivität von TFT vor einigen Jahren durch empirische Studien nachgewiesen (Callahan, 1987; Leonoff, 1995; Wade, 1990; Figley und Carbonell, 1995 und 1997). Speziell die Studie von Figley und Carbonell war eine systematische klinische Demonstrationsstudie, die an der Florida State University durchgeführt wurde und die Effektivität von TFT und verschiedenen anderen Ansätzen bewertete und bestätigte. Diese Ergebnisse sind auf EFT übertragbar.

Im Journal of Clinical Psychology wurde eine Studie veröffentlicht, die einen Durchbruch für die wissenschaftliche Anerkennung von EFT bedeutet.

Hier ein kurzer Abriss der Studie: Der Psychologe Steve Wells und seine Kollegen in Australien und USA erforschten die Wirkung von EFT in der Behandlung von Ängsten vor Kleintieren (und Insekten).

Die Ergebnisse waren recht beeindruckend. Eine 19-köpfige Gruppe, die EFT erlernt hatte, wurde verglichen mit 18 Probanden, denen man eine spezielle Technik der Tiefenatmung zur Angstbewältigung beigebracht hatte.

Die EFT-Gruppe zeigte eine signifikant größere Befreiung von ihren Angstsymptomen, und zwar sowohl im Hinblick auf die Fähigkeit, sich nach der Behandlung diesen Tieren zu nähern, als auch in Bezug auf die Selbstbewertung des Stresslevels.

Darüber hinaus hielt diese Angstbewältigung über einen Zeitraum von sechs bis neun Monaten in derselben Intensität an, was beweist, dass EFT-Behandlungen einen Langzeiteffekt haben. Bei der Gruppe der »Tiefenatmer« zeigte sich zwar auch eine Verbesserung in der Angstbewältigung, aber in weit niedrigerem Maße. Womit wissenschaftlich fundiert und veröffentlicht ist, dass es sich bei der Technik EFT um eine seriös einsetzbare Möglichkeit der Angst- und Furchtbewältigung handelt.

EFT-Studie beim Annual Meeting of Assc. f. Comprehensive Psychology, Las Vegas

In dieser Studie erforschten Dr. Paul Swingle und seine Kollegen die Wirkung von EFT bei Opfern von Autounfällen, die an dem posttraumatischen Stresssyndrom (PTSD) litten, einem komplizierten, einschränkenden Formenkreis, der unter anderem mit Panikattacken, Furcht- und Angstausbrüchen, Albträumen und anderen Stresssymptomen einhergeht.
Die Forscher fanden heraus, dass die Unfallopfer etwa drei Monate später, nachdem sie EFT (in zwei Sitzungen) erlernt hatten, signifikante positive Veränderungen in ihrer Gehirnwellenstruktur aufwiesen und bessere Werte auf der Stressskala angaben.

Untersuchungen und Studien in Südamerika

Ein weiteres Beispiel für fundierte wissenschaftliche Untersuchungen an Universitäten und Kliniken ist die fünfjährige Studie an über 5000 Patienten in Südamerika (Joaquin Andrade et al., 2001), die zeigt, dass der Selbsthilfeansatz EFT schnell zu vermitteln und zu lernen ist, einfach durchgeführt werden kann und vor allem wirksam ist.

Die Studien (Englisch) können unter http://www.eftsupport.com/research_eft.htm eingesehen werden.

Emotional Freedom Techniques – der Ablauf

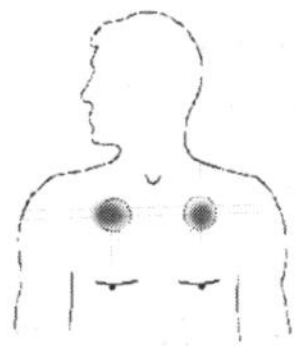

1. Thema / Problem genau beschreiben

2. Einschätzung 0 – 10

3. Einstimmungszone massieren, dazu 3-mal Einstimmungssatz: *»Auch wenn …, liebe ich mich voll und ganz.«*

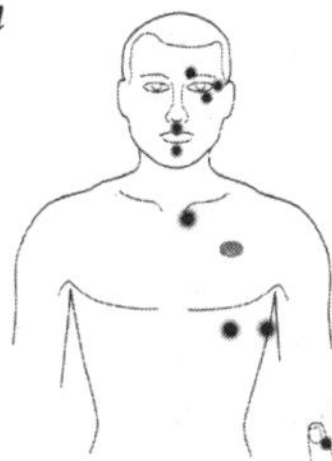

4. Klopfen der Punkte 1 bis 13 mit Wiederholung des Themas in Kurzform

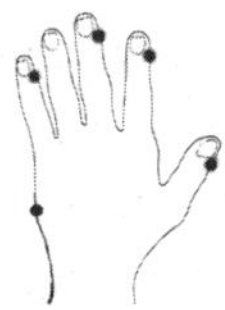

5. Gamutsequenz
   - mit ständigem Klopfen der Gamutzone, ohne Kurzform zu wiederholen
   - Augen links unten, rechts unten, rollen im Uhrzeigersinn / entgegen dem Uhrzeigersinn
   - Summen
   - Zählen
   - Summen

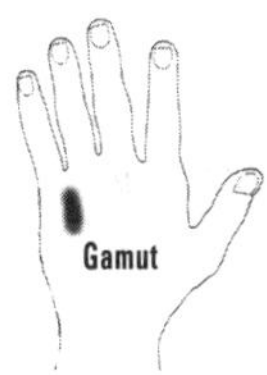

6. Klopfen der Punkte 1 bis 13 mit Wiederholung des Themas in Kurzform

7. Einschätzung 0–10

Literaturempfehlungen

Für diejenigen, die mehr über EFT und die Grundlagen erfahren wollen, hier einige Buchtitel, auch über verwandte Themenbereiche, und Ansätze über erste wissenschaftliche Untersuchungsberichte:

Literatur zu EFT

Benesch, Horst: Emotional Freedom Techniques, Kösel Verlag, München 2005
Carrington, P.: How to Create Positive Choices in Energy Psychology: A New Approach to EFT and Related Methods, Pace Educational Systems Inc. (E-Book unter www.eftupdate.com)
Carrington, P.: The Next Step – Making EFT Your Own, Pace Educational Systems Inc. (E-Book unter www.eftupdate.com)
Craig, Gary: Newsletter zu EFT-Entwicklung und Fallbeispielen: www.emofree.com
Craig, Gary: The EFT-Manual (freier Download unter www.emofree.com)
Craig, Gary: The Callahan Techniques: Eliminate Fears, Phobias And Anxieties (Addictive Cravings), www.emofree.com
Doose, J.: Emotional Freedom Techniques, Nymphenburger Verlag, München 2004
Hartmann, S.: Emotionale Freiheit, VAK Verlags GmbH, Kirchzarten 2002
Mountrose, Ph., und Mountrose, J.: Getting Thru to Your Emotions with EFT, Holistic Communications, 1999
Wagner, R. B.: EFT – Emotionale Freiheit, Omega-Verlag, Aachen 2003

Literatur zu verwandten Themen

Callahan, R. J., und Callahan, J.: Den Spuk beenden, VAK Verlags GmbH, Kirchzarten 2001
Callahan, R. J.: Der unwiderstehliche Drang, VAK Verlags GmbH, Kirchzarten 2001
derselbe: Leben ohne Phobien, VAK Verlags GmbH, Kirchzarten 2001
Diamond, J.: Life Energy: Using the Meridians to Unlock the Hidden Power of Your Emotions, Peragon House, New York 1985
Diamond, J.: Der Körper lügt nicht, VAK Verlags GmbH, Kirchzarten 2002
derselbe: Die heilende Kraft der Emotionen, VAK Verlags GmbH, Kirchzarten 2001
Durlacher, J. V.: Freedom From Fear Forever, Van Ness Publishing, Tempe (Arizona) 1995
Gallo, F. P.: Energetische Psychologie, VAK Verlags GmbH, Kirchzarten 2000
Gallo, F. P.: Handbuch der Energetischen Psychotherapie, VAK Verlags GmbH, Kirchzarten 2002
Gallo, F. P. (Hrsg.): Energy Psychology in Psychotherapy, W. W. Norton, New York 2001
Gallo, F. P., und Vincenzi, H.: Gelöst, entlastet, befreit, VAK Verlags GmbH, Kirchzarten 2001

EFT – Lernen mit dem Autor

Der Autor gibt Kurse für Einsteiger bzw. Anfänger, die diese Methode für sich und andere lernen und praktizieren wollen sowie für Fortgeschrittene, die sich mit komplexeren Themen befassen möchten.
Darüber hinaus werden vom Autor auch Kurse für spezielle Themenbereiche oder Interessengruppen (beispielsweise Erfolgs-, Darstellungs- oder Kommunikationsblockaden) und EFT für Professionals als Methode für Coaches, Berater, Therapeuten angeboten.

Erich Keller
Tel: 08141 18436
Mail: erich-keller@gmx.de
Homepage: www.erich-keller.de

Weitere Titel des Autors:

- Endlich frei in der Partnerschaft
- Aromatherapie
- Erfolgsblockaden auflösen mit EFT (April 2007)